人机传播

AI时代传媒生产变革

刘旸　著

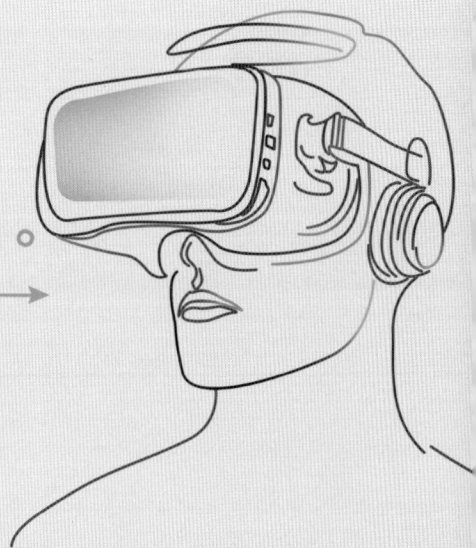

中国社会科学出版社

图书在版编目（CIP）数据

人机传播：AI时代传媒生产变革 / 刘旸著.

北京 ： 中国社会科学出版社，2025.3. -- ISBN 978-7
-5227-4711-8

Ⅰ. G210.7

中国国家版本馆 CIP 数据核字第 20251Z1P20 号

出 版 人 赵剑英
责任编辑 许 琳
责任校对 苏 颖
责任印制 郝美娜

出　　版 中国社会科学出版社
社　　址 北京鼓楼西大街甲 158 号
邮　　编 100720
网　　址 http://www.csspw.cn
发 行 部 010-84083685
门 市 部 010-84029450
经　　销 新华书店及其他书店

印　　刷 北京君升印刷有限公司
装　　订 廊坊市广阳区广增装订厂
版　　次 2025 年 3 月第 1 版
印　　次 2025 年 3 月第 1 次印刷

开　　本 710×1000　1/16
印　　张 9.5
字　　数 118 千字
定　　价 58.00 元

前　言

政府工作报告首提"人工智能＋"行动，这一创新性的表述背后蕴含着深远的战略意义，传媒领域也不例外。习近平总书记指出，从全球范围看，媒体智能化进入快速发展阶段。我们要增强紧迫感和使命感，推动关键核心技术自主创新不断实现突破，探索将人工智能运用在新闻采集、生产、分发、接收、反馈中，用主流价值导向驾驭"算法"，全面提高舆论引导能力。

本书是一本关于 AI 赋能传媒行业变革的创新之作，具有重要的理论价值和现实意义。主要内容包括：介绍生成式人工智能的基本概念和原理，分析其在新闻生产流程中的具体应用，探讨人工智能对新闻内容的生成、编辑、发布和分发等环节的影响，介绍 AI 多模态场景下的工具，提升读者 AI 时代的内容生成能力，以及对媒体从业者的职业转型和技能需求提出建议等。通过对学术研究和真实案例的综合分析，本书旨在为读者提供新的理解和解决方案，帮助他们应对人工智能时代的新闻传播挑战。

本书特点如下：一是学术性强：本书以学术性强的风格撰写，结合理论和实践，深入探讨了生成式人工智能在新闻生产流程中的变革，为读者进行深入的思考和研究提供了重要的参考资料；二是应用性强，本书不仅关注理论探讨，还提供了多种 AI 多模态工具适合读者学习进行内容生产；三是论证严谨：本书的论证过程严谨，通过学术研究和真实案例的引用，对生成式人工智能在新闻传播领域的影响进行深入分析，使读者对该领域的发展趋势和挑战有更全面的了解；最后本书还从媒体从业者的角度提出了职业转型和技能需求的建议，帮助读者更好地应对人工智能时代新闻传播行业的变革。

目　　录

第一章 人工智能与人机传播

ChatGPT 一夜爆火，上线短短两月，已获 1 亿月度活跃用户，成为历史上增长最快的面向消费者的应用。2023 年 12 月，国家语言资源监测与研究中心发布 2023 年度"十大新词语"，"生成式 AI"居于首位。纵观人类传播历史我们会发现，技术一直在影响着新闻业：印刷术帮助报纸扩大了规模。互联网改变了传播方式，这一趋势将继续下去。

大多数人认为人工智能的未来影响是渐进的，是对新闻业现有趋势的增强。但也有少数人认为它将带来范式的变革。这就涉及一个著名的理论——施拉姆的"最后的 7 分钟"理论。该理论是指人类传播历史上最近的一段时间，从电报到电视的发展阶段。施拉姆将这个阶段比喻为一场戏剧，其中人类传播的进展被归结为一个"最后的 7 分钟"，代表了从信息传递的缓慢到即时传播的转变。它强调了传播速度和即时性的显著提升，以及对社会的影响。

在移动互联网时代，传媒产业经历了从专业媒体主导的精英传播模式，向全民参与的广泛传播转型。随着 AI 时代的到来，内容生产迎来了新的变革浪潮，中国传媒产业迅速迈入智能化进程。在 AI 时代，内容不再是单纯的信息流展示，而是通过生成式人工智能的赋能，根据用户需求和偏好进行更加个性化的推荐，提升了用户的体验与内容的精准度，推动传媒行业进入全新的智能传播时代。

以生成式 AI 为核心理念的 AIGC（AI Generated Content）是指利用人工智能技术来生成内容，也被认为是继UGC（用户生成内容）、PGC（专业生产内容）之后的新型内容生产方式，囊括了人工智能生成的内容、生成内容所用的算法以及厂家提供的产品或服务等。目前，AIGC 已在广告、影视、游戏、娱乐等多个传媒互联网的细分领域进行广泛应用，从而提升内容生产效率，降低内容生产成本，助力行业变革。

第一节　生成式人工智能是内容
生产的高级阶段

生成式人工智能在新闻内容生产中具有创造性、速度、个性化和数据驱动等优势，使其成为新闻内容生产的高级阶段。它能够通过学习和生成算法创造原创性的内容，提高生产效率和满足用户需求，同时以数据驱动的方式进行内容生成和趋势预测。然而，我们也需要注意生成式人工智能的局限性和伦理问题，保持对新闻核心价值的关注和人类智慧的发挥。

一　人工智能与传媒

2023 年 9 月国家广播电视总局《关于开展广播电视和网络视听虚拟现实制作技术应用示范有关工作的通知》研究基于人工智能方式的虚拟场景生产技术，开展基于人工智能方式的剧本创作、故事板生成、三维数字资产建模、智能语音生成、短视频生成、动作驱动等场景应用，提升虚拟场景生产效率、降低虚拟场景生产成本。

那么什么是人工智能？人工智能是一个广泛的概念，它涵盖了多个领域和应用，包括机器学习、自然语言处理、计算机视觉、智能代理等。人工智能的目标是模拟和实现人类的智能行为和能力，使计算机能够进行复杂的任务和决策，解决现实世界中的问题。

从计算机科学的角度来看，人工智能是一种使计算机系统能够模拟和执行人类智能的行为的科学。这包括学习（从数据中获取信息并使用这些信息来改进自身的性能）、推理（使用规则来达到明确的结论）、问题解决、感知（使用传感器来感知或者理解环境的信息）、语言理解等。可以定义人工智能是一组涉及思想、技术和方法的集合，旨在使计算机系统能够执行通常需要人类智能才能完成的任务，具体体现在：

一是人工智能系统可以通过学习从大量的数据中提取

模式和知识。它们可以使用机器学习算法来识别数据中的模式，并根据这些模式进行预测和决策。例如，一个语音识别系统可以通过学习大量的语音样本来提高其识别准确率，使其能够更好地理解和转录人类的语音。

二是人工智能系统可以使用规则和逻辑来推理并得出明确的结论。它们可以根据给定的规则和条件进行逻辑推理，从而得出新的信息或结论。例如，一个专家系统可以根据一组预定义的规则和事实来回答用户提出的问题，通过推理得出准确的答案。

三是人工智能系统可以应用各种算法和技术来解决各种复杂的问题。它们可以使用搜索算法来找到最优解，使用优化算法来优化资源分配，或使用规划算法来规划行动序列。例如，一个旅行路径规划系统可以使用搜索算法来找到最短的路径，以便用户能够快速到达目的地。

四是人工智能系统可以利用传感器和感知技术来感知和理解环境中的信息。它们可以使用图像处理算法来识别和理解图像中的对象和场景，或使用传感器数据来获取环境的物理特性。例如，自动驾驶汽车可以使用传感器和计算机视觉技术来感知道路、识别交通标志和其他车辆。

人工智能技术可根据功能价值划分成分析式人工智能（Analytical Artificial Intelligence）和生成式人工智能（Generative Artificial Intelligence）。分析式人工智能主要指能够在海量数据中发现模式，完成诸如垃圾或欺骗邮件识别或算法推送 TikTok 视频等工作。传媒业目前广泛应用的人工智能技术多数可归类于分析式人工智能。国内包括百度"文心一言"、华为"盘古"、阿里"通义千问"、商汤"日日新"、360"智脑"、知乎"知海图"等均已发布或开启内测。

生成式人工智能（Generative AI），是人工智能（Artificial Intelligence）的一个分支或子集，诞生于 2014 年，又称人工智能生成内容（Artificial Intelligence GeneratedContent，简称生成式人工智能），关注如何通过模型训练和生成算法来创造新的内容。生成式人工智能模型可以通过学习大量的数据和模式，生成与训练数据类似但又不完全相同的新数据。这种技术可以应用于多个领域，如自然语言生成、图像生成、音乐合成等。

生成式人工智能与其他人工智能技术密切相关，例如，生成式对抗网络（GAN，Generative Adversarial Networks）是一种生成式人工智能模型，通过生成器和判别器之间的对抗学习来生成逼真的图像，是近年来复杂分布上无监督学习的方法之一。此外，生成式人工智能还可以与自然语言处理和计算机视觉等技术相结合，实现更复杂和多样化的生成任务。

2023 年 7 月国家互联网信息办公室等《生成式人工智

能服务管理暂行办法》鼓励生成式人工智能技术在各行业、各领域的创新应用，生成积极健康、向上向善的优质内容，探索优化应用场景，构建应用生态体系。支持行业组织、企业、教育和科研机构、公共文化机构、有关专业机构等在生成式人工智能技术创新、数据资源建设、转化应用、风险防范等方面开展协作。在传播学领域，人工智能的应用已经深入各个层面，从新闻制作到媒体消费，从信息传播到观众互动。在这个过程中，我们可以将人工智能大致分为两类：自动化工具和交互式媒体。

第一类是自动化工具。这类人工智能被设计成工具，帮助传播者更有效地完成任务。例如，新闻机器人可以自动生成新闻报道。这种类型的人工智能可以大大提高新闻生产的效率，同时保证新闻的准确性和及时性。例如，《清华大学新闻与传播学院新媒体研究中心新媒体发展研究》报告中提到人工智能会催生出"无记者新闻"，即通过机器人、AI等自动化技术来收集、编辑和发布新闻的方式等新的传播形态和方式。此外，社交媒体算法也是自动化工具的一种，它们可以帮助传播者更有效地传播信息。通过分析用户的行为和喜好，这些算法可以推送最相关的内容给用户，从而提高信息的传播效率。

第二类是交互式媒体。这类人工智能可以与人类进行交互，提供更丰富的媒体体验。例如，虚拟现实游戏中的人工智能角色可以与玩家进行交互，提供更真实的游戏体验。这种类型的人工智能不仅提高了媒体的沉浸感，也为媒体创作者提供了新的创作工具。在电影制作中可以使用人工智能来生成逼真的虚拟角色，或者模拟复杂的物理效果。例如，在电影《流浪地球 2》中，电影利用面部捕捉和 AI 技术，成功还原了演员年轻时的面貌，以展现 40 年的故事跨度。这种技术的应用不仅使人物年龄的变化更加真实可信，还使整个故事的呈现更加生动。此外，交互式媒体也可以用于教育和培训。通过模拟真实世界的情境，人工智能可以提供一个安全的环境让学习者进行实践。

总的来说，无论是作为自动化工具还是交互式媒体，人工智能都在改变着传播学的面貌。然而，这也带来了一系列的挑战，例如数据隐私、信息安全和人工智能的伦理问题等。因此，我们需要在利用人工智能的便利的同时，也要关注这些问题，以确保人工智能的发展能够真正地服务于人类社会。

二 AI 赋能：从"制作"到"生成"

互联网内容生产经历了不同时代的演变。在 Web 1.0 时代，主要是 PGC（Professional Generated Content，专业生产内容）的模式，由传统媒体机构和专业内容创作者提供内容。这种模式注重内容的专业性和品质控制，是传统新闻生产的延续。

进入 Web 2.0 时代，用户生成内容（UGC，User Generated Content）成为主导。用户通过社交媒体、博客和在线平台分享自己的创作和观点，形成了大规模的用户参与和多样化的信息来源。UGC 模式推动了信息的广泛流动和民众对新闻事件的参与度增加，赋予了个人更大的表达权利。

而现在进入了 Web 3.0 时代，生成式人工智能（Artificial Intelligence Generated Content，人工智能生成内容）作为内容创造的新引擎，正引起广泛关注。生成式人工智能利用人工智能技术的发展，能够生成原创的文本、图像、音频等内容。以电影为例，在剧本创作阶段，AI 能够分析大量参考影片，生成符合预设风格的剧本，激发编剧的创作灵感并缩短创作周期。在制片环节，AI 辅助完成法务、预算、日程安排等任务，让制片人将重心放在人际沟通与团队管理上。导演则可以利用 AI 在分镜绘制和镜头设计上得到辅助。在后期制作中，AI 能够高效处理视频剪辑、字幕添加和颜色校正等工作，甚至通过面部识别实现演员替换和微表情调整。在宣发方面，AI 通过数据学习，自动生成海报和宣传材料，助力影视作品的后续推广与宣传。

总之，互联网内容生产经历了从 PGC 到 UGC 再到生成式人工智能的演变。Web 1.0 时代以专业生产内容为主，Web 2.0 时代迎来了用户生成内容的浪潮，而 Web 3.0 时代则以生成式人工智能作为内容创造的新引擎。生成式人工智能释放出了巨大的增长潜力，不仅从产业规模的角度带来巨大的变革，还将对经济产生重大的影响。然而，我们也需要认识到在生成式人工智能的发展过程中，需要平衡技术创新和伦理问题，保持人类智慧和判断力的独特价值。

第二节 人机传播是 AI 在传媒行业的具体应用

人工智能是一门研究如何使机器能够模拟和实现人类智能行为的科学和技术。它涵盖了多个领域和应用，如机器学习、自然语言处理、计算机视觉等。人工智能的目标是使机器具备感知、学习、推理和决策等能力，以解决复杂的问题和执行各种任务。

人机传播是人工智能在传播领域的具体应用，通过人与机器之间的交互和合作，实现更高效、更智能化的信息传递和沟通。人工智能技术为人机传播提供了新的工具和可能性，推动了传播的创新和发展。

在人机传播中，人工智能技术被广泛应用于实现更智能化和个性化的交流和传播。例如，自然语言处理技术可以帮助机器理解和处理人类的语言，实现智能对话和信息提取；机器学习算法可以用于分析大量的数据和模式，提供个性化的推荐和定制化的服务；计算机视觉技术可以用于图像和视频内容的分析和识别，实现自动化的内容生成和处理。人机传播和人工智能是紧密相关的概念，可以说人机传播是人工智能在传播领域的具体应用。

一 人机传播

人机传播（Human-Machine Communication，HMC）是指人类与机器之间的交互和信息传递过程，这包括 AI 生成的文本、图像、音频等形式的传播，特别是在新闻、内容生产、营销等领域。它强调了人与机器之间的互动和合作，以实现更高效、更智能化的沟通。在人机传播中，人们通过与机器进行对话、指令或者通过交互界面进行信息的输入和输出，而机器则利用其算法和模型对人类的输入进行理解、处理和回应。

人机传播是基础性的概念，它涵盖了人类与机器之间的所有交流形式，是其他人机互动模式的总体框架。人机交往、互构、协同和对话都是人机传播的一部分，分别强调不同的互动机制或特定场景下的交流形式。

二　人机交往

人机交往（Human-Machine Interaction，HMI）指的是人与机器之间的互动，更多关注人类如何通过设备或界面与机器进行操作、控制和使用。它侧重于人机之间的互动行为、操作性和功能性，例如用户通过界面与电脑、手机或智能家居设备的互动。

人机交往并非单向的信息传递过程。相反，用户的反馈也是非常重要的一部分，它可以作为训练数据，帮助人工智能提高其性能和适应性。例如，当人工智能的回答不能满足用户的需求时，用户的反馈可以帮助人工智能修正其回答，从而在未来的交互中提供更准确的服务。这种基于反馈的学习和调整，使得人工智能能够持续提高其性能，更好地满足用户的需求。

人机交往是人机传播的具体表现形式之一，强调人与机器在技术操作层面的互动。相比于更广泛的信息传递，人机交往更集中于使用和操作机器的过程。它是传播行为的实际操作部分，与"人机协同"有一定重合，因为交往需要合作完成任务。因此，人机交往不仅改变了信息的生成和传播方式，也为人机交互提供了新的视角和理解。它使得人工智能成为信息交互的主体，同时也展示了人工智能在信息交互中的学习和适应能力。这种新的交往模式，无疑为我们理解和应用人工智能提供了新的视野和思考。

三 人机协同

人机协同（Human-Machine Collaboration）指的是人类与机器在特定任务中的协作，强调双方共同完成某一任务或目标。在协同过程中，AI 作为一种工具或伙伴，辅助人类完成任务，但人类依然在决策中起主导作用。

人机协同代表了人类与人工智能在新闻生产和信息传播过程中协作的新模式。在这一模式下，人类与人工智能并行，各自发挥各自优势，协同工作以共同完成任务。以新闻生产为例，人工智能与人类媒体从业者的协同工作展示了这种新模式的特点。人工智能的优势在于其对大规模数据的处理能力。通过数据挖掘和分析，人工智能可以从大量的数据中发现新闻线索和潜在的信息趋势。这种能力超越了人类处理数据的能力和速度，使得人工智能在新闻线索的发现和初步筛选中扮演了关键角色。

人机协同是人机传播的一种具体应用，通常体现在需要高效协作的场景中，比如新闻生成、数据分析或自动驾驶等领域。人机协同强调双方在任务中的角色分工和协作，区别于"人机交往"的操作性，更注重共同解决复杂问题的能力。

尽管人工智能在数据处理上具有优势，但在进行深度报道和新闻写作时，人类媒体从业者的专业知识、经验和创造力仍然不可替代。人类媒体从业者可以理解和解释复杂的情境，洞察人类的动机和情感，创造有深度和吸引力的新闻报道。因此，在新闻生产过程中，人类媒体从业者和人工智能的协同工作模式能够有效地结合数据处理和深度报道的优势，共同创造出高质量的新闻产品。

这种人机协同的工作模式为我们理解和应用人工智能提供了新的视角和思考。它强调了人工智能与人类的协同，而非替代，突出了人工智能在数据处理上的优势，以及人类在深度理解和创新上的优势。这种模式的实现，不仅提升了新闻生产和信息传播的效率和质量，也为我们理解和应用人工智能提供了新的视野和思考。

四　人机互构

人机互构（Human-Machine Co-construction）强调人类与机器之间的共同建构过程，指人类与机器在互动中共同参与信息或知识的构建，机器不仅是被动响应，而是主动参与者，能够通过学习和反馈与人类共同建构新的知识或内容。

人机互构揭示了人类与人工智能在信息环境中所展现的相互塑造关系。在这一理论视角下，人工智能与人类的关系不再是单向的，而是一种双向、动态的交互过程。人类通过设计和使用人工智能塑造了信息环境，而作为信息环境的一部分，人工智能的应用反过来也塑造了人类的行为和认知。具体来说，人类在设计和使用人工智能的过程中，深化了对信息环境的理解，同时也改变了信息环境的构成。例如，通过机器学习技术，我们能够对海量的数据进行处理和分析，实现了信息的有效获取和利用，同时也丰富了信息环境的复杂性和多样性。

人机互构与人机传播密切相关，尤其是在生成内容的过程中。例如，AI通过学习用户行为、调整生成内容，甚至提出新的创意。人机互构突出的是人类与AI在共同创作或决策中的动态互动，体现了机器的"学习能力"和"自适应性"，是人机传播中更高级的互动形态。

而这种影响并非单向的。在人工智能的应用过程中，人类的行为和认知也在被不断地塑造。例如，算法推荐系统根据用户的行为和偏好提供个性化的信息推荐，从而影响用户的信息消费习惯和行为方式。同时，人工智能的反馈机制也能影响用户的认知，让用户对信息的获取、处理和理解方式产生改变。而且这种人机互构的关系并不仅仅在个体层面产生影响。由于信息环境的广泛存在和重要性，人机互构关系对社会和文化的影响也不容忽视。人工智能的应用改变了社会的信息流动模式和公共话语空间的构建方式，从而对社会的组织方式、文化传播方式以及公共事务的处理方式产生了深远影响。

因此，人机互构理论提供了一个新的视角，使我们能够从更深更全面的层面理解人类与人工智能的关系，以及人工智能对个体、社会和文化的影响。对人机互构关系的深入理解和研究，有助于我们更好地利用人工智能的优势，避免其潜在的风险，实现信息传播的健康和可持续发展。

五　人机对话

人机对话（Human-Machine Dialogue）是指人类与机器之间的对话性互动，侧重于语言交流或文本交流，如通过自然语言处理技术实现的对话系统（如聊天机器人）。它强调机器与人类之间的双向互动，机器能够理解人类的指令并作出响应。

人机对话的能力可以归纳为五个主要方面。一是基础回应能力，即 AI 在最简单条件下对常见问题提供快速、准确的自动化回应和信息检索。二是复杂推理能力，它表现为 AI 在复杂条件下进行深度语义理解与生成原创内容的能力。三是持续工作能力，即 AI 能够在多变环境中保持稳健性能并扩展到更大规模的任务。四是长效互动能力，指 AI 是否能通过良好的用户体验和互动性，长期吸引用户保持对话。五是自我学习能力，AI 通过持续的用户互动不断学习和优化自身的表现，适应用户需求，提升对话质量。

人机对话是人机传播的一种形式，特别体现在语言或文字交流领域。它与"人机交往"有重合，但更关注对话的自然性和连续性，而不是仅仅执行操作命令。人机对话是人机传播的主要互动方式之一，也是 AI 技术中自然语言处理的核心领域。

评价人机对话的关键指标可以分为以下七个方面。一是语法正确性，即 AI 在对话中是否能够正确运用语法结构，确保句子表达的基本规范。二是词汇多样性，评估 AI 是否具备足够的词汇量，并能灵活、恰当地使用这些词汇表达复杂内容。三是发音清晰度，衡量 AI 的发音是否清晰、准确且易于理解。四是话题匹配度，即 AI 是否能够根据对话的上下文和场合选择合适的话题和表达方式。五是听觉理解力，评估 AI 能否准确理解并回应对方的语言内容。六是语境适应性，考察 AI 是否能适应不同的文化和社交背景，遵循合适的对话规范。七是互动连贯性，即 AI 是否能够在多轮对话中保持逻辑一致和内容的连贯性，使交流更加顺畅自然。

图灵测试是由英国数学家和计算机科学家艾伦·图灵在 1950 年提出的，用于评估机器（通常是人工智能）是否具备智能行为，能与人类的表现相媲美。测试的核心在于：如果人类通过对话无法区分与人还是与机器对话，那么该机器就可以被认为通过了图灵测试。因此，图灵测试通过性也可以作为评价人机对话的高级指标。这一指标主要评估 AI 是否能够在对话中表现得足够自然，以至于人类无法轻易判断出自己是在与机器对话。这不仅要求 AI 在语法、词汇和发音上表现得近似于人类，还要求它能表现出足够的逻辑性和情感反应，使得互动变得逼真。

小　结

人机传播是一个总括性的概念，涵盖了人与机器之间的所有传播与交流行为。它是其他概念的上位范畴。人机交往关注人与机器在操作和使用层面的互动，更注重用户界面和体验，是人机传播的一部分；人机互构则强调机器在互动中的学习能力和主动参与，与人类共同构建内容，是一种更深层次的合作形式；人机协同侧重于人类与机器在完成特定任务时的合作，体现了双方在任务中的互补与协作；人机对话聚焦于语言交流，是人机传播中基于自然语言处理的典型形式。这五个概念共同描绘了人与机器之间在传播与交流领域的复杂关系，反映了技术进步如何深刻影响人与机器的互动方式。

总而言之，人工智能为人机传播提供了新的技术手段和可能性，推动了传播的创新和进步。它改变了传统传播的方式和模式，提高了传播的效率和个性化程度。然而，人工智能的发展也带来了一些挑战和问题，如数据隐私、算法偏见和伦理问题，需要我们进行深入的思考和规范。人机关系的深化理解是我们理解和应对人工智能在媒体传播中所带来的挑战和机遇的关键。在未来，我们需要进一步研究和探讨这一关系的复杂性和多元性，以期提供对这一关系的深入理解和科学管理的解决方案。

第二章

AI赋能新闻流程，助力传媒变革

随着人工智能技术的迅速发展，新闻生产流程正在经历深刻的变革。AI 赋能的新闻生产不仅提高了效率，还重新定义了新闻的生成、编辑、发布和分发方式。从数据的采集和分析，到自动化新闻生成，再到个性化的内容推荐，AI 已经在新闻生产的各个环节发挥着至关重要的作用。这种技术革新不仅减少了人工操作的负担，还大幅提升了新闻生产的速度和精度。AI 不仅仅是一个工具，它还逐渐成为新闻生产流程中的关键参与者，能够协助记者进行数据驱动的新闻创作、深度分析和预测未来趋势。随着 AI 技术的不断成熟，新闻业面临的不仅是技术上的革新，更是行业结构与职业角色的深刻变动。本章将深入探讨 AI 如何赋能新闻生产流程，分析其在各个环节中的应用及其带来的影响与挑战。

第一节　新闻生产与 AI 变革

生成式人工智能对传统新闻生产带来了许多变革，提高了效率、增强了个性化推荐、丰富了内容多样性等。然而，我们仍然需要保持对新闻价值、质量和道德准则的关注，确保人工智能技术的应用符合新闻行业的职业标准和社会期望。同时，传统媒体从业者也需要不断学习和适应新技术的发展，以便更好地应对变革并提供高质量的新闻服务。

一 传统新闻生产的流程

传统新闻媒体的基础工作流程是指从新闻收集到发布分发的全过程，包括新闻收集和筛选、新闻撰写和编辑、排版和设计，以及发布和分发等阶段。每个环节都承载着新闻传播的重要职能。

（一）新闻收集阶段是新闻工作的基础。媒体从业者通过各种方式——采访、调查、观察、阅读——收集到信息，为新闻的生产提供原始素材。此阶段的工作并非简单的信息搜集，而是对真实情况的深入研究。媒体从业者需积极寻求多元的事实和观点，全面地获取新闻素材。

（二）编辑和筛选阶段。这个阶段中，新闻编辑在整理已收集的新闻素材基础上，对素材进行筛选和编辑。他们根据素材的真实性、准确性和新闻价值，决定采用哪些信息，以便更精准地反映事实，确保新闻的质量。此环节凸显了新闻编辑的价值取向和判断能力。新闻撰写和编辑阶段则是新闻的创作过程。媒体从业者根据编辑的要求，将新闻素材进行有机整合，撰写出初稿。然后，编辑对初稿进行修改和优化，进一步提高新闻稿件的质量。这一环节的目标是让稿件符合媒体的语言风格和写作要求，以满足受众的阅读需求。

（三）排版和设计阶段则是新闻稿件的视觉呈现。根据稿件的内容和媒体的形式，排版人员将字体、字号、段落格式、图片等元素进行设计和调整，形成视觉上吸引人的页面设计。这个阶段的工作是与受众直接接触的部分，因此对于提高新闻的吸引力有着极其重要的作用。

（四）发布和分发阶段则是新闻传播的最后一步。新闻稿件被发布到不同的平台，如报纸、广播、电视、互联网、社交媒体等，从而使得信息能够被广泛传播。选择不同的分发渠道，既是考虑到媒体的特性，也是为了更好地满足受众的需求。

简言之，传统新闻生产流程在效率、信息采集与处理的速度以及个性化内容推送方面仍存在一些局限性，这为人工智能的引入与优化创造了新的机会。

二　生成式人工智能对比

根据易观分析2024年8月发布的《中国传媒业人工智能应用发展图谱》，智能生产流程主要涵盖了信息采集、传输、加工和传播的各个环节，使得新闻传播更加高效、精准，满足了现代传媒业的多样化需求。

一是新闻收集与筛选阶段的智能化。人工智能通过海量数据采集和生成式AI的辅助，使新闻内容的收集变得更加高效。AI能够从多个信息源自动提取相关数据，实时监控新闻热点，同时具备舆论风险控制功能，从而在早期阶段帮助记者筛选出重要的新闻线索。这一阶段的智能化极大地提升了新闻采集的效率和精准度。

在大数据和人工智能日益发达的今天，媒体从业者的信息收集与处理方式也在发生深刻变化。媒体从业者不再仅仅被限制于传统的研究和采访模式，人工智能可以为他们提供更为广泛和深入的信息。例如，机器人可以在短时间内筛选和分析大量数据，找出其中的关联性和规律。这将极大提高新闻工作的效率，也能帮助媒体从业者更全面、深入地理解事件。以一篇关于大学校园安全的报道为例，如果引入人工智能，媒体从业者可以通过实时追踪和分析全国各大学的投诉数据，来掌握最新、最全面的校园安全状况，这样就能在报道中给出更准确、更具有影响力的观点。

二是新闻撰写与编辑的智能化。在新闻撰写与编辑阶段，AI通过自动化的编辑处理，确保内容的准确性和质量。人工智能可以参与数据标注、信息优化及质量检测等流程，使得初步撰写的新闻内容在传输过程中能够得到高效处理和审查。同时，生成式AI的应用也逐渐提高了新闻内容自动生成的比例，减少了人力的负担，提升了内容创作的速度和质量。

三是排版与设计的智能化。在信息加工阶段，AI的深度学习和数据挖掘能力使得内容能够得到进一步的整合和优化。通过智能算法，新闻排版和设计变得更加自动化，能够根据内容特性自动生成合适的布局和视觉设计，增强内容呈现的效果。

四是发布与分发的智能化。在新闻发布与分发阶段，AI通过多渠道智能推荐和用户偏好分析，实现了内容的个性化、精准化推送。人工智能能够根据用户的行为数据和兴趣偏好进行深度分析，自动推荐符合用户需求的新闻内容，使得新闻分发更具针对性，满足用户的多层次需求，提升内容传播的效果和覆盖率。

例如，华策影视公司在"影视＋AI"领域积极推动AIGC应用，专注于开发文生文、文生图、文生视频和文生音频等实用型AI工具矩阵。公司推出了"AI编剧助手"和"AI剧本评估助手"，并上线了多模态分析平台，实现了视频内容的多模态分析与检索，将海量的版权视频内容转化为元素数据库。此外，华策影视的AIGC多语种智能翻译工作流支持快速生成多语种翻译，并同步输出流畅的剧情介绍音频。公司还投资了华语影视＆视频素材跨境交易平台C-dramaRights，通过连接全球影视版权买家和卖家，结合智能翻译、智能搜索、数据分析和AI客服等技术，大幅提升了全球影视版权交易的效率并降低了成本。

其优点在于：一是提高效率和速度：生成式人工智能可以自动化新闻生产的某些方面，如新闻摘要、标题生成和文章写作等。它可以处理大量的数据和信息，快速生成内容，从而提高新闻生产的效率和速度；二是个性化和定制化：生成式人工智能可以基于用户的兴趣、行为和偏好生成个性化的新闻内容。它可以根据用户的需求，定制推送符合其兴趣的新闻，提供更加个性化的新闻体验；三是数据分析和洞察力：生成式人工智能可以处理和分析大量的数据，帮助新闻机构和编辑了解读者的喜好和趋势。通过深入分析用户的行为和反馈，生成式人工智能可以提供有关受众群体的洞察和见解，帮助新闻生产更加精准地满足受众需求。

问题在于：一是质量和可信度：生成式人工智能在新闻生产中的应用可能面临质量和可信度的挑战。它可能无法理解和评估信息的准确性、客观性和新闻价值。因此，需要对生成的内容进行人工审核和编辑，以确保新闻的质量和可信度；二是缺乏人类创造力和情感：生成式人工智能目前还无法完全模拟人类的创造力和情感。在新闻生产中，人类媒体从业者和编辑的主观判断、深入调查和丰富情感是非常重要的。人工智能的使用可能无法完全取代这些人类的特质和能力；三是伦理和隐私问题：生成式人工智能需要大量的数据来训练和生成内容，这涉及用户的个人隐私。对于新闻机构来说，如何处理和保护用户数据，遵循隐私法规和伦理准则是一项重要的挑战；四是人类角色的变化：生成式人工智能的应用在一定程度上改变了新闻生产中人类的角色。生成式人工智能可以自动化执行许多新闻生产的程序性任务，如数据收集和初步分析，从而使媒体从业者能够专注于更高层次的创作活动，如深度调查和故事叙述。然而，这种变化可能也会引发关于媒体从业者职能、角色以及新闻业发展方向的深刻思考。

在面临数字化时代潮流的冲击下，我们看到生成式人工智能在新闻生产领域的应用开启了新的篇章。这种先进的技术能够以提升效率、实现个性化的方式，以及通过深入的数据分析，为新闻生产注入新的活力。

简言之，在新闻的收集阶段，人工智能可以帮助媒体从业者快速、准确地获取和筛选信息。在新闻的创作阶段，人工智能可以提供强大的数据分析能力，帮助媒体从业者从大量信息中挖掘出深层次的关联性，并将这些关联性整合到新闻报道中。在新闻的发布阶段，人工智能可以根据读者的阅读习惯和兴趣进行智能推送，从而提高新闻的阅读率和影响力。

人工智能技术的兴起正在快速地影响新闻的收集、制作和发布。这需要新的技能、工具和工作流程。然而，这并不意味着新闻编辑室将会被取代，成为智能机器的办公室。未来将呈现出一种新的合作形式，即人类和机器之间的合作关系。

第二节　AI 新闻采集
—— 自动标签/实体提取

生成式人工智能技术可以通过自动化的方式，从大量的文本数据中提取关键标签和实体信息，以帮助媒体从业者更快速、准确地收集和整理新闻内容。通过生成式人工智能的应用，可以自动识别和标记新闻文章中的关键词、主题、人物、地点等信息，从而提供更全面和丰富的新闻内容，以提高新闻内容的质量和效率。

一　传统采集与 AI 的对比

传统的新闻采集和分析过程主要包括新闻线索的寻找、新闻信息的收集、整理和分析。媒体从业者需要通过各种方式（如公开的信息源、人际网络、社交媒体等）获取新闻线索，然后进行新闻事实的收集和验证，最后通过分析和整理形成新闻初稿。人工智能不仅可以帮助收集素材，还承担了协助编辑评估的工作。

（一）传统新闻采集

在媒体从业者采访方面，传统新闻采集通常包括媒体从业者进行实地采访，与相关人士面对面交谈获取信息。媒体从业者可能会约见专家、目击者、当事人或其他相关方，以获取直接的见解和观点。这种采访通常需要媒体从业者具备良好的沟通和采访技巧，以及对新闻报道领域的专业知识。记者有时会进行调查研究，包括收集和分析各种来源的信息，如政府工作报告、统计数据、研究论文、社交媒体等。媒体从业者需要查阅资料、收集数据，并进行相关领域的深入了解，以支持他们的新闻报道。

（二）生成式人工智能对比

人工智能在新闻采集中可以提供辅助的数据分析和挖掘工具。通过处理大量的结构化和非结构化数据，人工智能可以帮助媒体从业者发现隐藏的趋势、模式和关联。这些工具可以提供数据驱动的见解和支持，帮助媒体从业者更全面地理解和报道新闻事件。自然语言处理技术可以帮助媒体从业者处理大量的文本数据，包括新闻文章、社交媒体帖子、评论等。人工智能可以进行文本分类、情感分析、命名实体识别等任务，以帮助媒体从业者快速筛选和整理信息。此外，人工智能在图像和视频分析方面也有应用。通过图像和视频处理技术，人工智能可以自动识别、标记和分类媒体内容。这对于媒体从业者处理大量的图像和视频素材，以及寻找相关信息和视觉元素非常有帮助。

二　AI 新闻采集

生成式人工智能在新闻采集方面能够自动化地收集、筛选和整理大量的新闻信息，提供高效且快速的采集过程。同时，它可能受到信息源的可靠性和真实性的影响，需要进行人工验证和审核以确保新闻的准确性。此外，生成式人工智能还面临着隐私和伦理等问题，需要确保在采集和处理数据时保护用户的隐私权和数据安全。这需要媒体从业者不断学习和适应新技术，将生成式人工智能作为工具来增强新闻报道的质量和影响力。

（一）提问与指令

媒体从业者的提问是由记者、编辑或其他新闻工作者根据自身经验、直觉和对新闻事件的理解，提出有针对性的问题。这类提问通常依赖于对背景信息的掌握，带有强烈的主观性和目的性。记者通过提问引导采访对象提供关键信息，或通过对话来挖掘新闻事件背后的深层次真相。

提问的特点是往往具有灵活性、针对性和情境感，能够根据实时反馈调整提问策略，充分运用新闻从业者的判断力和情感共鸣。具体体现在，媒体从业者在采访过程中有自由灵活的提问方式。他们可以根据对话的发展、对方的回答和采访目的，灵活调整问题的顺序、深度和角度。

提问的目的是获取对话对象的见解、观点和情况，以支持新闻报道；适应情境：在提问时可以根据情境进行调整。他们会根据对方的回答和态度，调整提问方式和语气，以便更好地引出关键信息和深入讨论。媒体从业者还可以进行追问和引导，以进一步了解和挖掘问题的细节。

生成式人工智能的指令是通过编程或自然语言命令，由人类输入给 AI 模型的一组指令或请求，通常用于自动化生成文本、图片或其他内容。AI 根据输入的指令，运用其模型和数据，生成与指令相关的输出内容。

指令的特点是其执行过程是基于预设的算法和数据驱动的，通常需要遵循特定的格式和语法。用户需要以特定的方式表达指令，以确保系统能够正确理解和执行。这限制了用户与系统之间的交互方式，相对缺乏灵活性和自由度，而且没有人类情感和背景知识的介入。它能够快速处理海量数据，并生成符合逻辑的输出，但缺乏灵活性和新闻敏感性。

好的指令（提示词）能够发挥人和 AI 的最强上限能力。这背后体现了赋能的思想。赋能理论的核心思想是通过提供资源、知识、工具和支持，使个人或群体能够增强其自我效能感、决策能力和行动能力。这个过程通常伴随自主性、自信心的提高以及对环境的控制感增强。在赋能的过程中，个人或群体通过与他人、组织或系统的互动，通过交互或合作激发智力或能力的提升。在人机传播中，这种现象又称之为协同智能。协同智能（Collaborative Intelligence）是指人类与人工智能协作，双方在互动过程中共同提升任务执行效果。例如，人类和机器在复杂任务中的协同合作，能实现比任何一方单独完成时更优的结果。简而言之，这是一个双向增益的过程，优质的输入激发 AI 的高水平反馈，而这种反馈又反过来丰富了人类的思维。

AI 接收指令之后，会遵循一系列准则和规则，以确保质量与适当性。首先，它根据用户的提示语尽可能准确、具体地进行解释，并在提示模糊时补充细节。其次，AI 能够根据用户指定的艺术风格或类型进行创作，同时展现出超现实的想象力，以满足用户的创意需求。此外，为了避免生成不恰当或侵权内容，AI 在创作时遵循严格的准则与限制。在生成人物图像时，还特别注重多样性和包容性，避免出现偏见或刻板印象，以确保内容的公平性和广泛性。

除了上述提到的二者在定义、特点等方面的差异之外，关于技能要求二者也有不同。

媒体从业者提问技能要求具备深入思考问题的能力，以提出有针对性和启发性的问题；需要在采访过程中能够灵活调整提问方式，根据情境和对方回答进行适应；需要具备理解他人情感和意图的能力，以在提问中获得更真实和深入的回答；需要具备良好的沟通技巧，以与采访对象建立信任和有效的对话。

人工智能中的指令技能要求用户需要提供准确、明确的指令，以确保人工智能能正确理解和执行；用户需要按照特定的语法和格式提供指令，以与人工智能系统进行有效的交互；用户需要熟练使用人工智能系统的操作方式和界面，以有效地提供指令和获取结果。

需要注意的是，虽然人工智能在某些领域和任务中可以提供准确的指令响应和执行，但它缺乏媒体从业者提问中的灵活性、情境适应能力和人机交互的深度。媒体从业者的提问是基于深入的思考、洞察力和与对话对象的互动，能够引出更多的信息和观点。虽然人工智能在某些任务中具有便利性和效率性，但在新闻采访等复杂情境中，媒体从业者的角色和提问能力是不可替代的。因此，两者在新闻报道中可以相互补充和结合，以提供更全面和准确的信息。

（二）AI的数据训练和获取

生成式人工智能（generative AI）是一种能够通过学习大量数据模式，并生成新的、未见过的数据的人工智能技术。它的工作原理可以类比于一个非常勤奋且记忆力超强的学生。生成式人工智能通过从互联网上获取大量文本信息，如网页、书籍、论文等，作为学习材料，从而理解人类的语言模式和结构。例如，在学习图片时，AI会通过识别大量的"竹子"的图片来掌握树的形状、颜色等，并能够区分竹子与其他植物。通过深度学习和机器学习技术，AI 逐渐掌握了如何从数据中发现规律（例如，哪些词语、句子和段落经常同时出现），继而学习语法和修辞的复杂规则。AI 从最基本的模式开始，逐渐理解更高层次的结构。

当 AI 掌握了数据模式后，它不仅可以生成新的文本或图像，还能够模仿特定的风格，甚至回答复杂的问题。比如，AI 通过模仿某位记者的报道风格创作内容。AI 不仅可以帮助初级作者找到灵感，也可以帮助有经验的媒体从业者克服写作障碍，持续学习并改进生成内容的质量和多样性。

人工智能技术为新闻媒体提供了一种新的方法来处理和理解海量的数据。我们可以利用这些技术来快速、准确地分析数据，找出新闻线索，理解社会趋势。通过使用生成式人工智能技术，我们不再需要花费大量的时间和精力来手动筛选和分析数据，而可以把更多的时间花在更有价值的新闻报道上。

（三）AI 生成采访提纲

当媒体从业者完成了新闻线索的收集和整合，接下来的重要一步就是撰写采访提纲。传统的工作流程是我们在收集到的信息基础上，结合已有的知识和经验进行加工，进而设计出一个详细的采访计划。这个过程往往既费时又费力。而随着生成式人工智能的发展使得这个问题得到了有效的解决。

生成式人工智能可以自动化地完成采访提纲的撰写工作。基于对收集到的新闻线索和信息的深度理解，生成式人工智能可以根据预设的规则和模式，只需要输入关键词或主题，就能自动生成一份详尽的采访提纲。这个提纲不仅包括了采访的主题和目标，也列出了可能的采访问题，以及可能的答案。这样，媒体从业者就可以依据这个提纲进行高效的采访工作。例如，假设一个媒体从业者正在准备对中网选手巴黎奥运冠军郑钦文进行采访，他可以在 AI 中输入"我是一位体育记者，需要对刚在巴黎奥运会上获得网球冠军的运动员郑钦文进行采访，想了解一下此次回到国内参加网球比赛与国外比赛在心态和准备等方面是否有变化，请帮我拟定一份采访提纲"等关键词，系统将会自动生成文件包，极大地减轻了媒体从业者的工作负担，提高了工作效率。

总的来说，生成式人工智能在采访提纲撰写上的应用，不仅可以节省媒体从业者的时间和精力，也可以提高采访的效率和质量。然而，我们必须注意到，虽然 AI 可以自动生成采访提纲，但是对采访提纲的最终确定和修改，还是需要媒体从业者根据自己的经验和判断来完成。因此，生成式人工智能并不是替代媒体从业者，而是成为了我们的强大工具和助手。

总之，在新闻采集和分析的过程中，生成式人工智能展示了巨大的潜力。传统的新闻采集主要依赖于媒体从业者的社交关系、情报收集和新闻线索的主观判断，而如今媒体从业者通过 AI 的帮助可以从海量信息中挖掘出有价值的新闻线索，使得新闻报道更具时效性。

在这个 AI 变革传媒的浪潮中，媒体从业者需要掌握如何使用 AI 工具，如何根据数据进行深度挖掘，如何将数据可视化，以便更好地传播信息。值得注意的是，这一变革并没有削弱媒体从业者的角色，相反，通过生成式人工智能，可以更好地完成工作，更高质量地满足公众对高质量新闻的需求。AI 时代的媒体从业者不再是单纯的信息提供者，而是成为信息的筛选者、分析者和解读者，这更符合角色原有的定位要求。

第三节　AI 新闻制作
——机器生成的内容

生成式人工智能在新闻制作中的应用主要体现在机器生成的内容方面。这种技术可以自动化地生成新闻文章、摘要、标题等内容，从而减轻了媒体从业者的工作负担并提高了生产效率。

一　传统新闻制作与 AI 的对比

（一）传统新闻制作

传统新闻写作需要媒体从业者将采集到的信息和素材转化为一篇新闻稿件。新闻稿的撰写就需要运用新闻写作技巧，例如提出引人入胜的标题、概括性的导语，以及包含新闻五要素内容的正文。新闻编辑还负责对新闻稿件进行事实核实、语法校对和风格统一等工作，以确保新闻稿件的质量和准确性。

（二）生成式人工智能对比

生成式人工智能模型可以根据输入的信息和指导，自动生成新闻稿件的段落或完整文章。人工智能在新闻编辑方面可以提供辅助功能。例如，自然语言处理技术可以用于自动检测和纠正拼写错误、语法问题和样式不一致等。此外，人工智能还可以提供文本相似性分析和事实核实工具，以帮助编辑更快速地评估和验证新闻内容的准确性。

总之，虽然人工智能在新闻写作和编辑方面提供了一些工具和辅助功能，但它并不能完全替代人类媒体从业者的重要作用。媒体从业者具备调查、采访、分析和判断的能力，能够为新闻报道提供深入洞察和背景知识。编辑则通过对新闻内容的审查和润色，确保新闻的质量和准确性。人工智能在新闻制作中的应用应该是与媒体从业者合作，以提高效率和质量，并不是取代他们的角色。

二　AI 新闻制作

新闻制作体现在内容创作、编辑、针对不同格式和平台的包装、文本、图像和视频创作、针对不同受众的内容再利用。

（一）AI 自动生成新闻稿件的方法

自动生成新闻稿件的技术主要依赖于自然语言处理（NLP）和机器学习算法。AI 系统可以通过分析大量的新闻稿件，学习新闻的写作风格和结构，然后基于这些学习到的知识，将收集到的新闻线索和数据转化为一篇完整的新闻稿件。在内容创作这一环节中，生成式人工智能展现了其强大的能力，使得新闻稿件的生产变得更加高效。

如何通过 AI 生成一篇高质量的新闻稿件？在新闻稿撰写时，"Prompt"（指令）可以是一条新闻线索，当我们提供一个"Prompt"时，它会根据这个提示生成一段连贯、合理的文本。例如"华为今天宣布发布一款三折叠的手机新品"。我们把这条新闻线索输入 AI 聊天机器人后，它将以此为出发点，自动撰写出一篇新闻稿。

然而，生成的新闻稿件可能并不完全满足我们的需求，毕竟 AI 并不理解新闻的真正含义，也不能进行实地采访和深度挖掘。因此，媒体从业者需要进一步修改和加工 AI 生成的稿件，为其添加深度分析、背景介绍、相关数据等内容，使之成为一篇优质的新闻稿件。

这就需要我们在仔细阅读 AI 生成的新闻稿后，根据新闻的五要素对其中不准确或需要进一步深化的内容进行修改和补充，确保新闻稿满足新闻写作的基本规范和正确的价值导向。

具体而言，让聊天机器人协助写稿时，明确说明你希望得到的新闻稿的类型、主题、风格、目标受众等信息。如，"请为科技类受众写一篇关于即将发布的华为三折叠手机新产品的新闻稿。风格要正式、内容严谨、信息全面。"

你可以提供详细背景信息，例如事件的发生地点、时间、参与者等，都可以在 prompt 中提供，以帮助 AI 生成更具有具体性和准确性的内容。如，"在 2024 年 9 月 10日，华为发布了一款三折叠手机的新型产品。请根据这个背景写一篇新闻稿，重点介绍这款手机的主要特性和潜在影响。"

你还可以提出特定的长度或结构需求（包括新闻稿的标题、引言、主体、结尾等）。如，"请写一篇 500 字的新闻稿，标题是华为发布全球首款量产三折叠屏手机，新闻稿需要包含引言、关于产品的主要特性的三个段落，以及一个关于这款产品对市场影响的结论部分"。

另外，如果你需要新闻稿从多个角度来考虑事件，可以在 prompt 中指定。这样可以得到更全面、立体的新闻稿。如，"请从消费者、技术和商业三个角度，写一篇关于华为发布三折叠手机的新闻稿。"

值得注意的是，AI 可能无法一次性生成完美的新闻稿。我们要做好与 AI 进行多次交互，逐步改进和完善新闻稿的准备。总之，使用清晰的指导、提供背景信息、引导格式和要求、提供示例或关键词，并准备好进行迭代和修订，这些原则将有助于人机协同撰写出符合预期的新闻稿。

（二）AI 多模态新闻制作

通常编辑和制作人员将新闻内容转换为适合不同媒体的格式。这可能涉及文字编辑、图像处理、视频剪辑等工作，以确保新闻内容在特定媒体上的呈现效果和质量。

生成式人工智能在多媒体制作与呈现的过程中，其应用范围已经从图像合成、动态模拟到风格转换等多个维度，大幅度地扩展了新闻媒体的创作范围和可能性。只要媒体工作者具有一定的语言表达能力和视觉想象力，通过不断的尝试和练习，将会更熟练地掌握 AI 制作的工具。

以一次新闻报道的图像制作为例，假设一名媒体从业者正在报道一位老年人的故事，她想要一幅插图展示老年人正在跳舞。她可以输入这样的指令："老人们在愉快地跳着舞。"随后 AI 生成的图像即完成。如果笑脸不够明显，可以进一步调整描述，例如："生成一个真实的图像，描绘老人在公园里愉快地跳舞。捕捉他们脸上的欢乐笑容和真实的兴奋表情。"通过这样的方式，媒体从业者就可以获得一幅满足新闻需求的、具有现场感的插图，而无须设计师手动绘制。这种全新的图像生成方式，不仅提高了工作效率，也拓展了媒体从业者的创作空间。

新闻报道中大量数据的可视化呈现，AI 也可以提供技术支持。比如，我们需要对上述报道背后反映出中国老龄化逐年增长的一张直观的数据图表。我们需要提取报告中的关键数据，然后输入"根据人社部数据，2023 年，我国 60 岁以上人口 2.97 亿人，占总人口比重 21.1%；65 岁以上人口超过 2.17 亿人，占比 15.4%，老龄化趋势明显。与此同时，我国劳动年龄人口数量从 2012 年起持续下降，年均减少 300 万人以上，未来劳动年龄人口占总人口比重还将进一步降低。"等类似的描述。接着，AI 工具会根据输入的描述，生成出一张与之相符的图表。在这个过程中，复杂的数据被转化为了易于理解和传播的视觉元素。从中我们可以看到，新闻制作正在经历一场由生成式人工智能引发的革新。这种革新不仅提升了新闻制作的效率，也将为新闻内容的丰富性和多样性注入新的可能。

我们还可以将这条新闻制作成一条融媒体新闻报道。例如，通过 AI 工具为上述新闻片段自动配乐。选择"广场舞"为关键词，生成一段背景音乐，接着将采访录音进行剪辑，删除了冗余和无关的部分，突出了关键信息。并通过输入对应的音乐风格和乐器要求，该工具能迅速生成相应的音乐。或者使用具备生成式人工智能能力的视频编辑工具，根据用户提供的视频、音乐、文本等素材自动生成视频，使得用户无须专业的视频剪辑技巧也能轻松制作出高质量的视频内容，并自动优化视频以适应各种社交媒体平台。

回到前文通过文字生成采访提纲的例子，也可以通过 AI 手段提升报道的质量和速度。当一个新闻机构需要报道国庆期间中网奥运冠军首秀的运动赛事时，可以利用生成式人工智能工具来处理和编辑大量的比赛视频，生成符合各种需要（如郑钦文在奥运会的高光时刻回顾，球员表现集锦等）的视频片段。然后在此基础上，添加自己的见解和评论，使得中网的整个报道更具深度和观点。在这个过程中，人和 AI 的人机传播带来了效率和质量的双重提升。

相较而言，AI 协助创作，更适合实时发生的事件或者围绕本地生活发生的新闻。包括体育赛事结果播报、财经数据速报、天气预报和本地实时新闻。

当然这并不意味着传统的制作技能就完全被淘汰。相反，生成式人工智能与传统技能的结合是实现高质量新闻传播的关键。AI 在大规模、快速的制作环节可以发挥优势，而人的介入则保证了创作的原创性和深度。在图像编辑中，人的审美和设计原则可以纠正 AI 可能存在的错误；在多媒体内容制作中，人的创造力可以使得内容更具吸引力和感染力。

第四节　AI 新闻发布

——更好的个性化/推荐引擎

生成式人工智能在新闻发布领域扮演着关键的角色，带来了更好的个性化和推荐引擎。传统的新闻发布通常是按照固定的时间表或编辑的决策来安排内容的发布顺序。然而，生成式人工智能通过分析大量用户数据和行为模式，能够实现更准确的个性化推荐，使用户能够获取与他们兴趣和偏好相关的新闻内容。生成式人工智能为新闻发布带来更好的个性化和推荐引擎，提升了用户体验和内容的传递效果。通过分析用户数据和行为模式，个性化推荐引擎能够准确预测用户的兴趣和需求，并向其推荐相关的新闻内容。这为新闻机构和广告商提供了商业机会，但也需要关注算法的公正性和用户隐私的保护。

一 传统新闻发布与 AI 对比

（一）传统新闻发布

新闻稿件会经过校对和审查，以检查拼写错误、语法问题和其他潜在的问题。这一步骤旨在确保文章的准确性、流畅性和可读性。新闻稿件还会由排版和设计团队进行排版和布局。他们会根据设计要求和风格指南进行文字和图片的组合，并确定排版样式、字体和版面结构。最后，编辑团队将经过校对和排版的新闻稿件进行最终的发布和分发。新闻可以通过印刷媒体、广播电台、电视台或在线新闻网站等渠道发布。同时，新闻机构可能会通过社交媒体、电子邮件订阅或专门的新闻应用程序等方式将新闻推送给读者和受众。

而传统新闻机构的分发渠道通常也是有限的，如报纸投递、电视广播、电台传输和邮寄订阅等。新闻机构可能还会与其他媒体合作，通过合作报道、新闻联播等方式扩大新闻的传播范围。由于传统的新闻分发通常需要依靠物理媒介或传统的广播和传输方式。新闻内容的传播范围受限于这些特定媒体的覆盖范围和读者/观众的订阅情况。读者只能通过选择特定的媒体或主题来获取他们感兴趣的新闻内容，而无法根据个人兴趣和偏好获得定制的推荐。

（二）生成式人工智能对比

人工智能在新闻发布和分发阶段展现出了强大的优势，尤其是在精准传播和跨文化适应方面。首先，人工智能在新闻发布方面可以提供一些自动化和智能化的工具。例如，自然语言处理和机器学习技术可以用于自动生成新闻摘要、优化新闻标题和标签，以提高新闻内容的可搜索性和吸引力。此外，人工智能还可以通过自动化流程和内容管理系统，实现更高效的新闻发布。其次，通过人工智能的推荐算法和个性化内容推送，新闻机构可以根据用户的兴趣和行为，将相关的新闻内容精准地传递给受众。这种个性化的新闻分发可以提供更好的用户体验和更高的参与度。再次，在全球化传播的背景下，人工智能通过跨语言、跨文化适应能力，能够轻松将新闻内容翻译成多种语言，帮助新闻机构覆盖全球用户，适应不同文化的需求。这一能力使得人工智能在新闻的国际化传播中发挥了重要作用，远远超越了传统手工翻译的效率。

需要指出的是，尽管人工智能在新闻发布和分发方面提供了一些自动化和智能化的工具，但人类媒体从业者和编辑的角色仍然至关重要。他们通过选择、筛选和评估新闻内容，确保新闻的质量和可信度。人工智能在新闻发布和分发中的应用应该是与人类专业人员的合作，以提高效率和个性化，并确保新闻内容的准确性和可靠性。

二 生成式人工智能的新闻发布

新闻传播的生成式人工智能特点是个性化、营销、寻找受众、了解用户行为、货币化/订阅。

（一）自动化摘要和摄影

生成式人工智能可以自动生成新闻报道的摘要，从长篇报道中提取关键信息，并以简洁的方式呈现给读者。此外，它还可以自动选择适合新闻报道的图片，提高新闻报道的可视化效果。

例如，英国广播公司（BBC）的自动摘要：BBC 利用生成式人工智能技术开发了一个名为"Newsbeat"的应用程序，用于自动生成新闻文章的摘要。这个应用程序使用机器学习算法和自然语言处理技术，分析新闻文章的内容，并从中提取关键信息来生成简洁准确的摘要。通过这个应用程序，BBC 能够自动地从长篇新闻报道中提取出最重要的信息和要点，并生成一个简洁的摘要，以帮助读者快速了解新闻内容。这样的自动摘要技术能够提高新闻阅读的效率，尤其在移动设备上阅读新闻时，用户可以更迅速地获取到新闻要点。这个案例表明，在新闻发布环节中，生成式人工智能的自动摘要应用可以帮助新闻机构提取出关键信息并生成简洁的摘要，以提供更快速、精确和易读的新闻体验。这有助于读者更有效地获取和消化新闻内容，同时减轻编辑和媒体从业者的工作负担。

（二）个性化推荐

生成式人工智能可以根据用户的兴趣和偏好，推荐个性化的新闻内容。通过分析用户的浏览历史、搜索行为和社交媒体数据等，它可以生成符合用户兴趣的新闻推荐，提供更加个性化的新闻阅读体验。

当涉及个性化推荐时，生成式人工智能在新闻发布环节可以通过以下方式发挥作用：新闻内容推荐：生成式人工智能可以根据用户的兴趣和偏好，推荐符合其喜好的新闻内容。例如，基于用户过去的阅读历史和浏览行为，人工智能可以分析用户的喜好，并向其推荐相关领域或感兴趣的新闻报道。

一是主题订阅推送。通过生成式人工智能的分析和推荐算法，新闻机构可以提供订阅服务，让用户选择自己感兴趣的主题或关键词。基于用户的订阅选择，人工智能可以生成个性化的新闻推送，将用户最感兴趣的新闻内容直接推送给他们。

二是相似内容推荐。基于生成式人工智能的相似性算法，可以将用户正在阅读的新闻与类似主题或相关性较高的其他新闻相关联。这种个性化推荐可以提供用户更全面的信息，满足他们对特定主题的深入了解和多样化的需求。

三是个性化时效性推荐。生成式人工智能可以结合用户的浏览时间和地理位置等信息，向他们推送个性化的实时新闻。例如，在用户通勤的特定时间和地点，人工智能可以推荐相关的交通、天气或当地新闻，满足用户在特定时间和地点的信息需求。

通过这些个性化推荐方法，生成式人工智能可以提供更加精准和定制化的新闻体验。用户可以获得与其兴趣和需求相匹配的新闻内容，同时也帮助新闻机构更好地了解受众需求，优化内容生成和发布策略。

（三）数据分析和趋势预测

生成式人工智能可以处理和分析大量的新闻数据，帮助新闻机构和编辑了解受众的需求和趋势。通过深入分析用户行为、阅读偏好和反馈数据，它可以提供关于受众群体的洞察和见解，为新闻发布决策提供数据支持。

当涉及数据分析和趋势预测时，生成式人工智能在新闻发布环节可以通过以下方式发挥作用，并找到和了解受众：用户行为分析：生成式人工智能可以分析用户的阅读历史、点击模式、搜索行为等数据，以了解用户的兴趣和偏好。通过对这些数据的分析，人工智能可以找到受众群体中的特定兴趣点和趋势，从而提供相关的新闻内容。

举例来说，如果数据分析发现一部分用户对科技新闻表现出较高的兴趣，生成式人工智能可以根据这些用户的兴趣，提供更多与科技相关的新闻报道，以满足他们的需求。

一是社交媒体分析。生成式人工智能可以分析社交媒体平台上用户的评论、分享和互动数据，以了解受众对不同话题的反应和倾向。通过对社交媒体数据的分析，人工智能可以捕捉到当前热门话题、社会趋势和受众关注的焦点。举例来说，如果社交媒体数据显示某个话题在用户中引发了大量的讨论和关注，生成式人工智能可以预测这个话题在新闻报道中可能具有广泛的吸引力，并根据这个趋势生成相关的新闻内容。

二是数据驱动的新闻决策。生成式人工智能可以将大量的新闻数据进行分析，以帮助新闻机构和编辑做出数据驱动的新闻决策。通过对新闻数据的趋势分析和预测，人工智能可以为新闻机构提供关于受众需求、热门话题和未来趋势的见解。举例来说，通过分析新闻数据，生成式人工智能可以发现某个特定领域的报道在用户中具有较高的关注度和阅读量。基于这个趋势，人工智能可以向新闻机构推荐增加该领域的报道，以满足受众的需求。

通过数据分析和趋势预测，生成式人工智能可以帮助新闻机构更好地了解受众需求，提供与其兴趣和趋势相匹配的新闻内容，并优化新闻决策和发布策略。这有助于建立更紧密的受众关系，提高新闻传播的效果和影响力。

例如，奈飞Netflix的个性化推荐的案例就体现了数据分析和趋势预测中的作用。Netflix 是一个流媒体平台，它利用生成式人工智能进行个性化的内容推荐。通过分析用户的观看历史、评分、收藏和浏览行为等数据，Netflix 能够预测用户的喜好，并向他们推荐相关的电影和电视剧。这种个性化推荐系统使得用户可以更容易地发现和观看符合其兴趣的内容。

又如，脸书 Facebook 利用生成式人工智能来分析用户在平台上的行为和互动数据，以预测热门话题和趋势。通过对用户的点赞、评论、分享和点击数据进行分析，Facebook 可以捕捉到当前社交媒体上的热门话题和受众关注的焦点。这些趋势数据有助于新闻机构和内容创作者更好地了解用户需求和兴趣，提供与之相关的内容。

这些真实案例表明，在新闻发布环节中，生成式人工智能通过数据分析和趋势预测的应用，为新闻机构提供了更好地了解受众需求和预测趋势的能力，从而实现个性化的内容推荐和优化新闻决策。

（四）个性化订阅

《纽约时报》通过人工智能技术分析用户的阅读行为、订阅历史和付费意愿，为用户提供个性化的订阅服务。他们使用生成式人工智能算法来预测用户可能感兴趣的特定主题或类型的新闻报道，并向用户提供定制的订阅推荐。《纽约时报》的算法可以分析用户在网站上的阅读行为和访问记录，然后根据用户的兴趣，为他们推荐相关的付费订阅内容，如特定主题的新闻专栏、深度报道或独家分析。这种个性化的订阅服务使用户能够根据自己的兴趣和需求选择付费订阅的内容，并提供更高质量的新闻体验。

这个案例显示，通过生成式人工智能的个性化订阅服务，新闻机构可以提供符合用户需求的定制内容，并通过订阅模型实现用户货币化。这不仅帮助新闻机构增加收入，还提供了更好的用户体验，加强了用户与媒体品牌之间的联系和忠诚度。

（五）多语言翻译

生成式人工智能在新闻发布环节中还可以用于多语言翻译。它可以自动将新闻内容翻译成不同语言，扩大新闻报道的覆盖范围和传播效果。

比如，《中国日报》通过 AI 技术辅助对外传播，在多个环节中提升了新闻生产的效率和质量。AI 技术被应用于新闻稿件的翻译和预编译，帮助编辑润色和打磨内容，同时为记者提供写稿、组稿和审稿的阅读辅助和资料参考。此外，AI 还为编辑提供拼写和语法的勘误支持。这些功能不仅便捷地实现了对外传播，还能精准针对不同区域、国家和群体，降低了跨语言和文化传播的门槛，促进了跨文化交流。同时，AI 的应用大幅提高了对外传播的质量和效率，帮助国内传媒机构在国际化竞争中占据有利位置。

这个案例表明，在新闻发布环节中，生成式人工智能可以自动化进行多语言翻译，为新闻机构提供跨语言的报道和内容发布。通过自动翻译新闻内容，新闻机构能够扩大受众群体，增加读者的多样性和国际影响力。

总之，生成式人工智能在发布和分发环节的变革：一是自动化发布。生成式人工智能可以自动发布新闻内容，根据预设的算法和条件将内容自动推送给特定受众，或在特定时间和地点进行发布。这种自动化发布减少了人工操作的需求，并提高了发布的效率和速度。二是多渠道分发。生成式人工智能可以将新闻内容通过多个渠道进行分发，包括在线新闻网站、移动应用程序、社交媒体平台等。这扩大了新闻内容的传播范围，使其能够触达更广泛的受众。三是个性化推荐。生成式人工智能可以根据用户的兴趣和行为数据，提供个性化的新闻推荐。它分析用户的阅读历史、搜索行为和社交媒体数据等，从而能够推荐与用户兴趣相关的新闻内容，提供更加个性化和定制化的新闻体验。四是实时更新和趋势预测。生成式人工智能可以实时更新新闻内容，并根据数据分析和趋势预测，提供与实时事件和热点话题相关的报道。这使得新闻发布能够更及时地响应和报道重要事件和趋势。

通过生成式人工智能的发布和分发功能，新闻机构能够实现自动化发布、多渠道分发、个性化推荐和实时报道等新闻发布的创新和改进，提供更广泛、定制化和及时的新闻服务。

小　结

过去十年中，人工智能和机器学习的飞速发展，特别是以 OpenAI 的 ChatGPT 等先进的自然语言处理（NLP, Natural Language Processing）系统为代表的生成式人工智能生成内容（生成式人工智能）技术，对新闻传播行业产生了深远影响。新闻的生成式人工智能生成和定制化传播，对新闻生产、分发、消费乃至整个新闻业的经济模式提出了新的要求。生成式人工智能的发展也对新闻传播的伦理和责任带来了新的挑战。在新闻传播的实践中，人工智能的算法是否可以承担新闻生产者的社会责任？生成式人工智能生成的新闻内容如何进行伦理审查？这些问题对新闻传播的公正性、公信力乃至公共利益具有重大意义，值得我们进行深入探讨。

生成式人工智能在内容创作中的运用，可以极大地提升新闻稿件的生成效率。具体使用时，媒体从业者只需输入关键词或提供一段简短的概述，该系统即能依据其海量的训练数据，生成一篇具有连贯性、一致性和精确性的新闻稿件。这不仅极大地减轻了媒体从业者的工作负担，同时也保证了新闻内容的快速生成和高质量。

然而，生成式人工智能并非全能，它不能完全替代媒体从业者和编辑的创作能力和专业知识。在使用生成式人工智能技术的同时，媒体从业者和编辑需要充分理解和掌握这项技术，知道何时该依赖这项技术，何时该依靠自身的专业知识和创新思维。这就需要媒体从业者和编辑对内容创作的技能和知识进行重新定义，既要了解和掌握新的技术，也不能忘记自身的专业能力和价值。

在未来，随着生成式人工智能技术的不断发展和应用，我们将看到更多创新的内容创作模式。新闻行业的从业人员需要跟上这个步伐，对自己的工作技能和知识进行持续的更新和学习，以适应这个正在发生的变化。同时，我们也期待看到新的研究和讨论，以深入理解生成式人工智能如何影响内容创作技能与知识的定义，以及如何推动新闻行业的发展。

第三章

AI赋能内容生成，助力传媒变革

多模态融合是一种通过跨模态技术将不同类型的数据，如图像、文本和声音等结合的技术，生成综合数据表示或输出。这项技术提供了全新的交互体验，核心挑战在于如何确保这些模式融合后输出连贯且有意义。在人机传播中，多模态大模型需要根据用户反馈和行为自适应调整，包括动态更改输入/输出模态及调整交互界面。大模型作为 AI 应用的底层支撑，其能力决定了应用发展的下限，同时与场景适配度也影响了应用的上限。目前，随着模型架构的进步与多模态数据处理技术的突破，文本编辑类技术最成熟，音视频类技术发展潜力较大。

第一节　文字生成

文字生成，简单来说，就是利用计算机技术和算法，让机器能够模仿人类的语言模式，自动生成文本内容。可以是生成新闻报道、诗歌散文，广告文案、甚至是学术论文的初稿。基于现有的落地场景，AIGC 生成的文本可以划分为应用型文本和创作型文本两大类，且应用型文本的进展相对更为成熟。

一　应用型文本

应用型文本主要集中在结构化写作中，包括客服类的聊天问答、新闻撰写等核心场景。具体应用如聊天机器人和搜索引擎等，都是典型的应用型文本。聊天机器人依托于大语言模型，能够自动生成对话内容，为用户提供即时的服务和信息。搜索引擎则利用 AI 技术优化搜索结果，通过自然语言处理生成精准的文本摘要，提升用户的搜索体验。写作工具和翻译工具属于这一类的典型应用。写作工具能够帮助用户进行内容改写、润色等操作，尤其在内容创作和媒体出版领域，通过生成式人工智能大大提高了创作效率。翻译工具则利用 AI 的多语言处理能力，为用户提供跨语言的文本生成服务，尽管功能较为单一，但在多功能应用中仍具有重要的辅助作用。此外，内容检测工具作为创作型文本的支持应用，通过检测抄袭和区分人类与 AI 生成的内容，为学术机构和企业提供内容审核功能，确保生成文本的原创性和一致性。此外，虚拟角色在情感陪伴场景中通过人机交互生成文本内容。例如，SpicyChat 的人均使用时长近 20 分钟。这类应用通过 AI 技术提高了人均使用时长，进一步推动了应用型文本的发展。

二　创作型文本

相比之下，创作型文本更多用于剧情续写、营销文案等需要创意和个性化的场景，具有较高的自由度和技术要求。比如，蓝色光标旗下的妙笔中文内容引擎能够基于一篇核心稿件，在 1 秒内生成数千篇风格不同但内容一致的新闻稿，以满足不同媒体平台对风格的需求。中文在线推出的 AI 文字辅助创作工具，能够针对人物、物品等进行辅助创作，并根据不同的作品风格，如古风、都市等，自动调整语言，带来更加个性化的内容生成体验，提升了内容的可读性和创作效率。

无论是应用型文本还是创作型文本，AIGC 都在提升内容生成效率和内容一致性方面发挥着关键作用，能够满足不同场景下的文本需求。随着多模态技术的进一步发展，这些应用在与具体场景的结合中将获得更多的创新与提升，为信息传播和内容生成带来更高的价值。

第二节　图片生成

文生图（Text-to-Image Generation）是利用人工智能技术，根据文本描述生成对应图像的技术。其背后原理是通过人工智能技术解析文字描述，从中提取关键信息，利用深度学习模型生成草图，随后通过优化算法细化图像的细节并增强图像质量，最终生成与文字描述相符的视觉内容。这项技术近年来发展迅速，能够将文字转化为高度逼真的图像，广泛应用于创意设计、广告、影视等领域。例如，视觉中国利用其丰富的图片、视频和音乐素材库强化 AIGC 模型训练，积极布局 AIGC 内容创作并成功发售多轮数字藏品。

一　文生图技术历程

根据《传媒生成式 AI 多领域落地，赋能传媒行业发展》报告，对文生图技术的发展历程做了梳理：1973 年，哈罗德推出了首个智能 AI 绘画系统"AARON"，以层序编码方式展现其个人绘画风格。2001 年，西蒙开发了智能图形软件"The Painting Fool"，并于 2011 年加入 3D 建模功能。2014 年，对抗生成网络（GAN）的提出为 AI 绘画奠定了技术基础，2017 年罗格斯大学推出了创造性对抗网络（CAN），推动了 AI 绘画的创新进展。2022 年，Disco Diffusion 面世，标志着 AI 绘画进入产品化阶段，随后 MidJourney V3 和 Stable Diffusion 等核心技术相继发布。至 2023 年，AI 绘画已广泛应用于设计、摄影、二次元和影视等领域，显示出快速的发展势头。

例如，Canva 是一个平面设计平台，用户可以通过它创建社交媒体图形、演示文稿、海报、文档及其他视觉内容。其内置的 AI 图像生成器 Text to Image，基于 Stable Diffusion 技术，将用户输入的文本提示转换为图像。此外，Canva 还提供了诸如 AI 图片生成、背景移除、智能抠图以及为图像添加动画效果等功能，帮助用户轻松制作高质量的视觉作品。

二　文生图的优点

文生图的优点体现在：一是高质量的逼真图像生成：文生图技术能够根据输入的文本生成高度逼真的图像，特别是在人物、物品、场景等方面的细节表现上，通过先进的渲染技术，图像的质量接近真实。二是丰富的风格支持：文生图可以根据用户需求，生成多种艺术风格的图像。无论是现实主义、古典艺术，还是抽象艺术，用户都可以通过调整文本输入，实现不同风格的视觉效果，极大地提高了创作的多样性。三是创意与想象力的扩展：文生图不仅限于现实场景的再现，还可以将用户的想象具象化，生成如外星生物、未来城市等现实中不存在的场景和物体，扩展了人类的想象力，创造出前所未有的视觉效果。四是快速生成与个性化定制：文生图技术能够在短时间内生成大量不同风格的图像，这大大提高了创作效率。同时，用户可以通过调整文本描述，定制符合自己个性化需求的图像，满足特定的艺术和设计需求。五是支持广泛的应用场景：文生图可以在多个领域中使用，包括影视、游戏、广告、艺术创作、教育等。这些行业可以利用文生图技术提高内容生产效率，降低创作成本，带来更具吸引力的视觉效果。

展望未来，根据《中国 AIGC 文生图产业白皮书》数据显示，预计 2026 年至 2027 年中国 AI 文生图市场爆发，网民数量可能达到 5 亿。随着市场的发展，用户参与度将显著提高，推动 AI 文生图行业的快速成长。

三 "创新性偏离"现象

同时，我们也应注意到，AI 为了展示技术的多样性、包容性或创意，在生成图像描述时可能会为了体现种族或文化的多样性，插入与历史背景不符的元素。这种现象被称之为"创新性偏离"。创新性偏离指的是在追求技术或艺术创新时，某些创作可能会偏离事实或现实的情况。

第三节 音频生成

音频生成是借助人工智能和复杂算法来生成各种音频内容的技术，包含语音合成、音乐创作以及声音效果的制作。通过运用机器学习和深度学习算法，AI 能够精准模拟人类的语音和音乐节奏，生成自然、逼真的音频效果。这项技术如今广泛应用于多个领域，如娱乐、广告、教育和新闻传播等。

随着人工智能技术的快速发展，AI 音频生成已成为音频行业的重要组成部分，涵盖了多个应用场景。根据不同的应用领域，AI 音频生成主要可以分为语音合成、语音识别和音乐生成三大类别。

一　语音合成

语音合成是目前 AI 音频生成领域的主导力量，占据了市场的主要份额。语音合成通过深度学习算法，能够精确模拟人类的声音特征，包括音色、音调和语调，将文本信息转化为自然的语音输出。这项技术在朗读软件、语音导航、智能客服等领域得到了广泛应用，其市场占有率已达到70%左右。语音合成的成功不仅在于其在不同场景中的广泛适用性，还在于它能极大地提高交互体验，使得人机对话更加自然流畅。例如，云知声 AI 开放平台为用户提供了一项声音克隆服务，用户只需上传少量的录音数据，便能通过 AI 技术训练出一个与原始录音音色和发音风格高度相似的声音模型。这项技术使得声音复制过程更加便捷和高效，广泛应用于语音导航、客服系统以及个性化语音助手等场景。

二　语音识别

语音识别是 AI 音频生成技术中相对成熟的一部分。语音识别能够将音频中的语音内容转化为可读的文本，是智能音箱、语音助手等产品的核心技术。早期语音识别已经广泛应用于智能设备领域，并在自动字幕生成、语音助手和电话客服等场景中得到广泛应用。这一技术随着智能设备的普及，逐渐走向成熟，形成了稳定的市场需求。比如，科大讯飞推出的智能语音识别与转写软件，能快速将语音内容实时转化为文字，并支持多种语言识别翻译，被广泛应用于各种会议和讲座场景之中。

三　音乐生成

音乐生成是 AI 音频领域中具有巨大潜力的一部分，尤其是在音乐创作、游戏音效制作和电影配乐等领域，音乐生成的应用前景非常广阔。通过机器学习和深度学习算法，AI 能够模拟人类的音乐创作过程，生成复杂的旋律、和声和节奏。虽然目前音乐生成技术还处于快速发展阶段，但随着技术的进步，它有望为音乐产业带来革命性的变化，帮助创作者以更高效的方式进行音乐创作。比如，SkyMusic 是昆仑万维基于其强大的"天工 3.0"超级大模型推出的语音合成和音乐生成平台。能够生成长达80秒、采样率高达44100Hz的高品质音乐，并在人声合成技术方面达到了行业领先的标准。

这项技术在社会公益方面也有较大的潜力。例如，AI语音合成工具为语言学习者和特殊需求群体提供了重要的支持，特别是在帮助失语症患者等人群交流方面，实现了强大的语音赋能功能。还可以通过保存特定语言特征或名人的声音，AI语音技术能够为保护文化遗产作出贡献，具有重要的文化保存意义。

然而AI模仿孙燕姿事件也引发了我们的反思。2023年初，由于人工智能技术的快速发展，特别是AI音频生成和深度学习技术的进步，出现了利用AI模仿歌手孙燕姿声音的事件。这一事件引发了广泛讨论，涉及技术的伦理和版权等问题，还可能削弱原创声音演员和艺术家的创作空间，威胁他们的职业生存和独特的艺术价值。

AI语音技术虽然带来了诸多创新，但也伴随着一些挑战。首先，未经授权的声音克隆技术可能侵犯个人隐私，带来诈骗和误导的风险，尤其在安全方面引发了广泛的担忧。其次，由于法律界定尚不明确，涉及公众人物或已故名人的声音使用时，常常引发合法性和道德上的争议。此外，声音克隆的高度逼真性使得在新闻、法律和政治等领域难以辨别真伪，对信息的真实性构成威胁。

总之，AI音频生成技术在语音合成、语音识别和音乐生成三大领域中各具优势，从目前来看，语音合成占主导，音乐生成潜力大，语音识别应用成熟。随着技术的进一步创新与应用，未来将在更多场景中发挥更大的作用，推动音频产业的发展和变革。

第四节 视频生成

文生视频（Text-to-Video Generation）是基于文本描述，通过生成式人工智能技术自动生成视频内容的一项技术。这项技术综合了自然语言处理（NLP）、计算机视觉、图像生成和动画等多领域的研究成果。通过解析输入的文字内容，AI生成相应的图像，再结合动态渲染，赋予这些图像动态效果，最终自动化生成视频文件。文生视频技术的核心在于将文字转换为与描述相符的视觉动态内容，使得视频创作更加便捷和高效。

早期的AI视频生成技术以基础的图像生成为起点，逐步扩展到动态场景的创建。2024年，OpenAI发布了视频生成模型Sora，与之前的文生视频应用相比，Sora能够生成时长更长、质量更高的视频，并支持多镜头分镜和更复杂的物理交互效果。该技术的推出标志着AI视频生成进入了一个新阶段。

一　应用场景

文生视频根据应用场景和技术复杂度可以分为以下几类：一是短视频生成：主要用于社交平台上的短视频创作，用户可以通过输入简短描述自动生成创意视频，简化视频制作流程。例如，2024 年 6 月 6 日，快手大模型团队推出了自主研发的视频生成大模型"可灵"，该模型具备强大的视频生成能力，支持文生视频、图生视频及视频续写等多项功能，提供便捷的一键续写和连续多次续写，将视频最长可延伸至约 3 分钟。这款工具还为用户提供了一个全新的创意平台，用户可以通过文本控制图片中的主体进行运动。例如，最近流行的"老照片复活""与小时候的自己拥抱"。

二是影视镜头生成：用于生成复杂的影视镜头，帮助专业的制作团队快速完成概念演示或场景创作。比如，央视近推出 AI 全流程制作的动画片《千秋诗颂》，微纪录片《来龙去脉》，微短剧《中国神话》《AI 看典籍》等都是积极的尝试。美图公司发布自研 AI 视觉大模型的 MiracleVision 支持视频运镜，提供了推、拉、摇、移等八种电影级运镜模式，让用户能够模拟专业的镜头运动。

三是广告创意生成：通过 AI 生成符合广告内容的动态

视频，极大地缩短了创意广告的制作时间。易点天下旗下 AIGC 数字营销创作平台 KreadoAI 可为企业提供"AI +"的多场景短视频营销解决方案。例如在短视频制作方式上，这款 AI 产品可以将视频制作效率从 12 小时/个缩短至 5 分钟/个，而成本只有真人的 1/100。

四是游戏与虚拟场景生成：利用文生视频技术生成动态的虚拟世界场景，提升游戏和虚拟现实中的沉浸体验。例如，完美世界公司的《梦幻新诛仙》采用智能 NPC 与 IK 技术，创新运用了全天候天气智能 AI 演算技术，实现了对雨、雪、大雾等天气的全局还原和细节处理。还通过 AI 技术完成场景建模、纹理渲染等。

二　问题挑战

与文生图片不同，文生视频目前处于早期阶段，还存在一定的挑战：一是高计算成本：生成高质量的连贯视频需要大量的计算资源，尤其在确保视频帧与帧之间保持时间与空间一致性的前提下，计算成本非常高。二是数据集不足：与 AI 生成图像相比，文生视频所需的多模态数据集相对较少且复杂，训练模型需要的标注成本高，限制了技术的进一步发展。三是信息冗杂性：视频数据复杂，包含多个场景、任务和动态变化，因此处理视频信息的难度更大。四是技术突破难点：首先，当人物运动幅度较大时，生成的视频容易出现脸部和身体的失真问题，导致细节表现不够完美。其次，视频时长的延展也是一个挑战。虽然模型可以通过扩展功能延长视频时长，但仅限于无意义的重复动作，无法生成包含复杂动作序列的内容，如翻滚或奔跑等。此外，生成高质量、连贯的视频需要大量计算资源，而确保视频帧间的逻辑一致性也对模型提出了更高的要求。这些技术难题限制了文生视频在实际中的应用。

三　生成方法

在使用视频生成大模型时，有一个常用的公式。提示词（Prompt）由"主体 + 运动"构成。其中，主体指的是上传图片中需要进行运动的对象，通常选择一个主体能够确保更好的文本响应效果；运动则是该主体希望实现的运动轨迹。比如，一张放满土豆的箱子的图片，通过输入指令"很多小鸡从箱子里爬出来"变成了一段有趣的视频。由于土豆和小鸡的颜色均为黄色，有一定的一致性，视频看起来也符合预期。

还有一些可以参考的方法。首先，建议使用简单的词语和句子结构，避免复杂的语言，同时保持画面内容简洁，尽量在 5 秒到 10 秒内完成。此外，使用如"东方意境、中国、亚洲"等关键词更容易生成带有中国风或亚洲风格的视频。然而，当前模型对数字不敏感，比如在生成"10 个小狗"时，数量难以保持一致。分屏场景可以通过提示词如"4 个机位，春夏秋冬"来实现，但生成复杂的物理运动（如弹跳、抛物等）仍存在困难。在使用"自定义创意延长"功能时，提示词需要与原视频主体保持一致，否则可能会导致镜头切换。延长视频可能需要多次尝试才能获得符合预期的效果。

展望未来，文生视频/图生视频技术有望在 C 端和 B 端得到广泛应用。在 C 端，短视频创作需求将被大幅满足，用户可以通过简单的文本描述生成完整的视频内容，极大提高创作自由度，尤其在游戏用户生成内容（UGC）等领域将进一步释放创新空间。在 B 端，影视、游戏、广告等领域的制作流程将变得更加简化，显著降低生产成本，提升效率。

第五节　虚拟数字人

虚拟数字人是通过计算机图形学、语音合成、动作捕捉和深度学习等技术创建的非物理、可交互的虚拟形象。它们具有人类的外观和行为特征，并具备与用户交互的能力。根据交互能力和拟人化程度，虚拟数字人可以分为交互型和非交互型，交互型进一步细分为 AI 驱动和真人驱动。虚拟数字人还可按视觉风格分为二次元型、超写实型和数字孪生型，其核心特征是外观、行为、思想的拟人化。

一 发展阶段

虚拟数字人的发展历程可以分为三个阶段：萌芽期（2010—2015 年）：由于 CG 技术和语音合成技术的不成熟，虚拟数字人仍处于探索阶段，市场规模较小；探索期（2015—2020 年）：随着 AI 技术的进步，虚拟数字人的应用场景逐渐扩展。2016 年全球首个虚拟主播"绊爱"上线，2018 年银行业出现首个数字虚拟员工；高速发展期（2020 年至今）：深度学习与多模态技术的结合推动虚拟数字人迅速发展。AI 技术在内容生成、语音识别等方面的进步，加速了虚拟数字人的应用普及，虚拟偶像、虚拟主播等纷纷进入市场，应用场景日益多样。

根据中国传媒大学《中国虚拟数字人影响力指数报告（2021 年度）》等研究，虚拟数字人的核心特征是拟人化，具体体现在以下三个方面：外观形象的拟人化：虚拟数字人拥有类似"人"的外观形象，具有特定的相貌、性别等特征，使其在视觉上接近人类；行为表达的拟人化：虚拟数字人能够表现出类似"人"的性格和行为特征，如通过语言表达、面部表情以及肢体动作与用户互动；思想交互的拟人化：它们具备类"人"的互动能力，能够感知外界环境并与用户进行交流互动，进一步增强虚拟体验的真实感。

二 比较优势

虚拟数字人的优势体现在：多模态交互：AI技术赋予虚拟数字人多模态的交互能力，能够结合文本、语音、视频等多种输入形式，实现丰富的互动体验。虚拟数字人的交互已从简单的文本扩展到复杂的图像与视频处理，提升了用户体验；自动化与智能化：AI驱动的虚拟数字人通过深度学习和神经网络技术，能够自主完成交互、内容生成等任务，摆脱了传统真人驱动模式的局限，降低了操作复杂性；成本与效率优势：与真人相比，AI虚拟数字人无须培训或休息，能够全天候工作，且人力成本大大降低，特别适用于短视频、自媒体等领域，具有轻资产、高效率的特点；应用广泛：虚拟数字人已从最初的虚拟偶像和游戏扩展至直播电商、教育、医疗、金融等多个行业。其强大的定制化服务能力，能够在不同领域提供高效、个性化的互动体验，开创了诸如"AI+虚拟数字人+短视频"等创新模式。

例如，根据公开信息，新华网积极探索人工智能的前沿领域。早在 2019 年，新华网就与阿里巴巴合资成立了新华智云，率先在新闻领域实现了实时音频与 AI 虚拟形象的合成应用。2020 年的地方"两会"报道中，新华智云的虚拟主播被广泛应用。2021 年，新华社与国家航天局合作，推出了面向航天主题的数字记者。这位数字记者通过实时渲染和先进的制作技术，不仅能够生动呈现虚拟人物形象，还能承担太空报道等常规记者难以完成的任务。2022 年，新华网成立了数字人实验室，进一步深化 AI 技术在虚拟数字人领域的应用，推出了虚拟数字人"筱竹"。截至 2023 年 2 月，已有超过 500 家媒体、政府和金融机构采用了新华智云的虚拟主播技术，充分展现了新华网在虚拟数字人领域的领先地位和持续创新能力。

未来，虚拟数字人将迈向 AI 驱动、工具化和系统化的新阶段。AI 驱动型虚拟数字人将进一步摆脱真人控制，具备更强的感知和自动交互能力，提供更加智能化的服务。此外，AI 技术将通过高效的底层架构，推动虚拟数字人在各行业的广泛应用，涵盖从影视、游戏到电商、教育等领域。随着技术成熟和成本降低，虚拟数字人将在更多领域实现规模化应用，带动全行业的数字化转型。

第六节　案例研究

——文生视频 AI 动画节目《千秋诗颂》
人机传播的创新路径

　　文生视频（文字生成）开启了 AIGC 在内容生产领域的新赛道。动画片《千秋诗颂》是中央广播电视总台与人教社合作制作的小学语文课本诗词动画故事系列片，也是中国首部文生视频 AI 系列动画片。运用 AI 技术聚焦统编语文教材 200 多首诗词，转化为唯美的国风动画片。主要讲述李白、杜甫等诗人的诗词以及其人生故事，共 26 集，每集约 7 分钟。依托中央广播电视总台 "央视听媒体大模型"，通过 AI 人工智能技术呈现独具中国审美特色的美术视觉，展现中华经典诗词中的家国情怀和人间真情。影片从美术设计到动效生成，再到后期成片，全由生成式 AI 制作。自 2 月 26 日起在 CCTV - 1 综合频道播出，通过 AI 人工智能技术呈现独具中国审美特色的美术视觉，展现中华经典诗词中的家国情怀和人间真情。影响广泛，推动了中华优秀传统文化创造性转化、创新性发展，增强了总台人工智能技术在中文视音频领域的领先优势。

　　人机传播是指人与机器之间的信息交流和传递过程，

特别是在人工智能技术高速发展的当下，机器不仅作为信息传递的媒介，更能够进行信息的处理、反馈和自主决策，形成一种新型的交流模式。本文旨在从人机传播的角度对《千秋诗颂》进行全面的评价，探讨该节目在内容生产、文化价值与视听行业三个方面的重要价值。

一　人机对话：内容生产新方式

内容产业是人工智能较早进入的领域之一，这既是因为内容产业的核心任务——信息的处理和创造与人工智能技术的主要能力紧密相连，也因为内容产业面临的海量数据处理和智能分发需求迫切需要依赖人工智能的高效算力。文生视频AI动画《千秋诗颂》的制作正体现了人机对话的新生产方式。人工智能的集成不仅优化了内容生产的流程，降低了运营成本，还为内容的创新形式和新的业务模式提供了可能，从而加速了整个行业的转型升级。

（一）智能体（agents）作为对话主体

在人工智能技术的领域内，智能体（agents）代表了一种先进的创造，它们不仅具备自主决策的能力，超越了计算机科学中传统的自主实体概念。智能体能够感知环境并对其进行理解和推理，从而做出决策并制订计划，继而采取行动①，具有自治、感知环境、做决策、适应性、目标导向和互动性②的主要特性。

2023 年，中央广播电视总台联合上海人工智能实验室等多家机构，共同发起成立了"中国大模型语料数据库联盟"，在此基础上，依托总台的海量视音频媒体大数据资源以及上海人工智能实验室的"书生"基础大模型，共同研发了"央视听媒体大模型"（CMG Media GPT），并将其应用于总台动画片制作和综合频道的创新节目中。智能体整合了上海 AI 实验室"书生"大模型体系的语言处理和知识体系等能力。通过对模型进行大量数据的"投喂"和训练，成功生成了符合中华传统文化审美的水墨、工笔风格的动画作品，所有动画中的设计元素均由该模型完成。这说明作为人机对话的智能体为生成式人工智能的发展提供坚实的数据基础。

（二）对话机制：开创了人工智能技术与传统文化融合的新途径

人机对话主要关注的是如何通过技术手段，实现人与机器之间的自然语言交流，包括语音识别、自然语言处理、语义理解等技术的应用，旨在让机器更好地理解人类的意

---

① ［印］普拉文·巴拉尼沙米：《深度强化学习实战：用 OpenAI Gym 构建智能体》，洪贤斌、汤奎桦译，人民邮电出版社 2023 年版，第 31—36 页。
② 陈昌凤：《智能平台兴起与智能体涌现：大模型将变革社会与文明》，《新闻界》2024 年第 2 期。

图和需求，从而提供更加智能化的服务。《千秋诗颂》作为首部以我国自主生成式人工智能技术支撑制作的系列动画片，对可控图像生成、文生视频以及人物动态生成等 AI 技术进行广泛运用。这些技术不仅实现了艺术创作的自动化和个性化，而且在维护艺术风格的一致性的同时，精确地复现了古诗词的情感与意境。

1. 可控图像生成与国画大师风格化。可控图像生成技术（Controllable Image Generation）允许设计师通过指定条件或属性（如风格、色彩、主题等）来生成相应的图像。这种技术通常基于条件生成对抗网络（CGAN）或变分自编码器（VAE），能够根据给定的输入条件产生高质量的图像内容。在《千秋诗颂》项目中，可控图像生成技术的应用体现在国画大师风格视觉效果的创作上。导演团队为了更真实地呈现古诗词中的人物和故事，坚持以史实为基础，利用 AI 技术对博物馆现存文物及图片进行动画复原。例如，孟浩然桌上的茶具被动画复原为唐代独有的"七星盘"。这一过程中，制作团队不仅能够通过提示词进行画面内容生成，还可以使用风格参考图、构图草图等方式对生成内容进行更加精细的打磨，还原真实历史，保留栩栩如生的动画表现力。AI 模型"理解"了风格参考，根据实拍图生成了相应风格的场景，这对于动画制作中场景的快速构建和视觉风格的一致性至关重要。

2. 人物动态生成与真人图像转化。人物动态生成技术（Character Motio Generation）利用深度学习模型，特别是基于时间序列的模型（如循环神经网络 RNN 或长短期记忆网络 LSTM），来生成人物的动态动作。这些模型可以学习人物动作的时间依赖性，从而生成连贯、自然的动作序列。《千秋诗颂》中的人物动态生成技术应用主要体现在通过 AI 技术将真人装扮后的服饰及相貌转化为动画，以及对人物五官特点等更为精细的内容的"精雕细琢"。这一技术使得动画人物的动态更加生动和真实，提高了动画的整体表现力和观赏价值。特别是，AI 模型能够根据古诗词的情境和人物特征，生成符合古代人物行为习惯和情感表达的动作，展现了人物动态生成技术在捕捉和再现人物动态及细节方面的高度能力。

3. 文生视频与中国诗词活化。文生视频技术（Text-to-Video Generation）是指将文本描述直接转换成视频内容的技术。这通常涉及自然语言处理（NLP）和视频生成模型的结合，模型需要理解文本中的描述，并将其转化为连贯的视频序列。中央广播电视总台巧妙地选取中国古典诗词作为基础，运用文生视频 AI 技术进行动画片的策划与制作。这是因为诗是语言的画，中国众多古诗词便是以景触情，用寥寥数语便能勾勒出一幅充满流动感的画面。《千秋诗颂》基于总台提供的视听数据进行模型训练，通过将古诗词的文本描述转换成视频内容，AI 技术能够理解诗词中的意境和情感，进而生成展现这些元素的视频片段。这种技术结合了自然语言处理（NLP）和视频生成模型，不仅能够生成静态的场景和人物造型，还能够捕捉到场景中的动态元素，如风吹草动、水流云卷等，从而将文本中的意象"活"了出来，创造出一幅幅流动的画面。

（三）对话效果：简化技术接入、优化制作流程与推动内容创新

在探讨人工智能（AI）技术如何提高节目制作效率的过程中，深入分析其在不同层面的作用及具体应用实例，能够为我们提供更加全面的理解。通过对《千秋诗颂》案例的深入分析，我们可以清晰地看到 AI 技术在提高节目制作效率方面的多维作用。从技术接入的简化、制作流程的优化，到内容质量与创新的提高，AI 技术正逐步成为推动媒体产业发展的关键力量。随着 AI 技术的不断进步和应用范围的扩大，未来将有更多高效率、高质量的创作作品诞生，为全社会带来更加丰富和深刻的文化体验。

1. 技术接入与应用简化，降低技术门槛。在数字化转型的当下，生成式 AI 技术通过提供用户友好的接口（API），极大地降低了技术门槛，使得原本不具备深厚编程背景的内容生产者也能够轻松接入和应用 AI 技术。这种简化了的技术接入过程，不仅促进了 AI 技术的普及，也为

广大创作者提供了强大的工具，使他们能够在不增加学习负担的前提下，利用先进的技术提升工作效率。以《千秋诗颂》的制作为例，动画制作团队通过使用"央视听媒体大模型"等 AI 工具，实现了从角色设计到场景构建的高效率工作流程。这种技术的简化应用，不仅节省了大量的预制和设计时间，也使创作者能够将更多的精力和时间投入到创意发想和艺术表达上，从而提升了整体的创作效率和作品质量。

2. 创作效率的显著提升，优化动画制作流程。AI 技术在动画制作中的应用，通过自动化处理多个烦琐且耗时的制作环节，显著提升了制作流程的效率。这包括自动化的角色设计、场景构建、动作捕捉等环节，其中每一步都利用 AI 的强大计算能力和深度学习算法，以前所未有的速度和精度完成任务，极大地缩短了整个制作周期。《千秋诗颂》项目的成功实施，展示了 AI 技术在动画制作中的巨大潜力。通过文生视频 AI 技术，动画中的人物表情和动作生成变得更加自然流畅，大幅减少了动画师手动调整和修正的时间。AI 技术的应用，使得在同等预算条件下，按照传统动画制作流程计算，类似《千秋诗颂》这样的动画片，一个月只能做一集，现在一个月可以做三集，效率提升了三倍。这不仅体现了 AI 技术在提高工作效率方面的能力，也预示着未来动画制作领域的发展方向。

3. 内容质量与创新的提高，推动内容创新。AI技术的另一个显著优势在于其对内容质量和创新的促进作用。通过深度学习和大数据分析，AI不仅能够在短时间内生成大量的创意内容，还能够精准捕捉和表达作品背后的文化精神和艺术韵味，从而在保持高效率的同时，也实现了内容质量和创新性的显著提升。

在《千秋诗颂》的制作过程中，AI技术的应用不仅快速将200多首古诗词转化为具有独特美学风格的国风动画片，还精准地捕捉到了每首诗词背后的情感和意境。这种对文化精神的深刻理解和高度还原，使得动画作品不仅在视觉上吸引观众，更在情感和文化层面与观众产生了共鸣，展现了AI技术在促进内容质量提升和文化传承方面的巨大潜力。

二　人机文明：文化价值新塑造

习近平总书记指出，要推动中华优秀传统文化创造性转化、创新性发展，以时代精神激活中华优秀传统文化的生命力。《千秋诗颂》的成功播出恰恰体现了这一理念，通过将中华古典诗词的深厚文化底蕴与现代视听技术的创新结合，桥接古今文化交流，技术赋能文化类节目高质量发展。

（一）助力 AI 推广中国文化：开辟青少年接触新路径，增强文化自信

人机传播作为信息时代的一个重要研究领域，探索人与机器之间如何有效地交流和互动。这种传播方式突破了传统的人内传播、人际传播、大众传播的范畴。《千秋诗颂》项目，专为小学生设计，将国家统编语文教材200多首诗词，在尊重历史和复原诗词意境的基础上，重新进行故事构建，再转化为一系列国风动画故事。这种转化过程不仅依赖于机器学习算法对文本内容的深度理解和处理能力，还包括对受众（小学生）认知和情感需求的积极响应。此种创新性实践不仅有效促进了中华优秀传统文化的传承与发展，更在青少年中激发了创新思维与想象力，为传统文化遗产的现代解读与传播开辟了新途径。它使得年轻一代不仅能够通过全新的方式接触和理解传统文化，同时也使全球观众能够更直观地体验到中国文化的独特魅力。这一项目对于推广中华文化、增强文化自信，具有不可估量的重要价值。

（二）助力 AI 看懂中国审美：开启家国文化传承新空间，增添中国元素

人与人的交流总是在一定情境中展开，这种情境既包括交流所处的空间情境与社会场景，也包括人们的心理情境、关系情境。从空间情境角度看，不同的情境会带来不

同的交流话题与交流方式。[①] 梅罗维茨认为，社会场景形成了我们语言表达及行为方式框架神秘的基础，每一个特定的场景都有具体的规则和角色，每一种场景定义也为不同的参与者规定和排除了不同的角色，场景与行为之间有一定的匹配关系。[②] 在传播学中，空间场景理论强调交流不仅发生在物理空间中，还包括社会场景、心理情境以及关系情境等多维空间，这些情境共同影响着交流的内容、形式和效果。从这一理论视角出发，不同的交流空间和情境背景会导致交流主题和方式的多样化。

AIGC技术的应用进一步扩展了这一项目的空间场景，将李白、杜甫等古代诗人的作品及其生平故事，以全新的视角和形式呈现给现代观众，构建了一座穿越时空的文化桥梁。中央广播电视总台积累的庞大视音频资料库，已经发展成为全球规模最大的中文视音频语料库之一。在制作节目内容的过程中，面对复杂的实际场景和巨大的数据处理需求，必须构建广泛的内容场景模型，这就需要利用大规模语料库进行训练。为了赋予央视听媒体大模型解析古诗词的能力，项目团队向该模型输入了大量的精确数据进行深度训练，从而使其能够精确地生成符合历史背景的人物形象、建筑风格

---

① 彭兰：《人机传播与交流的未来》，《湖南师范大学社会科学学报》2022年第5期。

② ［美］约书亚·梅罗维茨：《消失的地域：电子媒介对社会行为的影响》，肖志军译，清华大学出版社2002年版，第21页。

和场景布局等美术图像。这些图像不仅忠实于中华传统文化的水墨、工笔等审美风格，而且能够精确捕捉"国风、唐代、写意、工笔画"等关键文化概念，根据这些概念性描述，为《千秋诗颂》创作出具有国画特色的美术素材，进而塑造了该项目具有中国审美元素的独特风格。

（三）助力 AI 学习中国历史：推动人类社会进步，增加中国智慧

随着智能平台的兴起和智能体的涌现，社会和文明似乎正处于由外而内的适应性变迁之中，这一过程不仅推动了文明的进化，也引起了学界对于大模型可能带来的社会和文明变革的深入讨论。基于此，部分学者表达了对于超级人工智能可能带来的人类自我否定和自我了断的深刻忧虑，担心人类在全球存在系统中的地位将被边缘化，人类的重要性将被削弱，从而导致历史失去其意义，人类文明将成为遗迹。①

在这样的背景下，《千秋诗颂》动画片的重要性愈发凸显。AI 动画片的成功实践表明，即便在人工智能技术高度发达的时代，人类的创造性和文化传承活动仍然具有不可替代的价值。通过智能技术与人类智慧的结合，不仅可以避免人类文明的萎缩和遗忘，还可以进一步激活中华优

---

① 赵汀阳：《人工智能"革命"的"近忧"和"远虑"——一种伦理学和存在论的分析》，《哲学动态》2018 年第 4 期。

秀传统文化的生命力，展现其在现代社会中的新生态和新价值。而且《千秋诗颂》本身就是在智能时代下，人类对于自身文化传承和发展的一种自我肯定和积极探索。

也许有人会认为运用 AIGC 技术创造的是一些虚构影像，与真实的文明世界并不完全相同。尽管这种真实不是原来的现实主义中的真实，而是艺术和生活结合在一起的真实，这也是一种超级真实。[①] 大模型通过对现实文字、图像和视听素材的训练和学习，从而形成整体的意向。换句话说，未来的数字空间将是现实的景象与虚构的景象的共存。[②] 因此，在强调文化遗产传递的过程中，科学进步与人文精神的融合亦不容忽视。《千秋诗颂》便是科学与艺术领域专家跨界协作的成果，通过不断探索技术与艺术的交汇点，为人工智能技术与创意媒体的深度整合开辟了新径。

三　人机共生：视听行业新天地

人机共生在视听行业开辟了一片新天地，这一领域的探索不仅仅局限于技术的创新，更关注于如何将这些技术融入人类的视听体验中，从而创造出更加丰富、互动和个

---

① 王晓升：《现代性、现代主义和后现代主义——概念的梳理》，《华中科技大学学报》（社会科学版）2017 年第 5 期。

② 彭兰：《AIGC 与智能时代的新生存特征》，《南京社会科学》2023 年第 5 期。

性化的内容。随着人工智能、虚拟现实、增强现实等技术的不断成熟和应用，视听行业正在经历一场前所未有的变革。

当 OpenAI 正与美国有线电视新闻网（CNN）、福克斯公司（Fox Corp.）和《时代》周刊（Time）进行内容许可谈判的时候，总台坚持科技强台，以前瞻思维主动迎接日新月异的新时代，时刻保持对前沿科技的嗅觉和敏感度，抓住 AI 机遇，不断进行创新。以综合频道（CCTV-1）为例，一直是总台内容创新、科技创新的排头兵和示范区。频道牵头策划的《千秋诗颂》是国内首部以我国自主 AIGC 技术支撑制作的系列动画片，中央广播电视总台所积累拥有的海量视音频数据已成为国际上最大的中文视音频语料库。助力科技赋能中华优秀传统文化创新性转化、创造性发展，成为总台在全球媒体竞争中始终保持领先的独特优势。

尽管人机共生为视听行业带来了诸多机遇，但也存在不少挑战，如如何保护用户隐私、避免算法偏见、确保内容的多样性和创新等。面对这些挑战，行业需要不断探索和调整，寻找最佳的平衡点。BBC（英国广播公司）在人机共生和视听行业创新方面也展示了其领先的技术应用和开发。BBC 长期以来一直是媒体技术创新的先驱。BBC 探索了自动化新闻生成技术，特别是在体育和财经新闻领域。

通过使用自然语言生成（NLG）技术，BBC能够自动化地产生新闻报道，这些报道基于数据和预设的模板生成，能够快速响应事件，提供及时的新闻更新。针对生成式人工智能可能存在的一些问题，BBC在使用指南中提出了生成式AI领域使用的三个原则——始终以公众的最佳利益为出发点、始终优先考虑人才和创造力与当我们使用人工智能来进行内容制作时，始终对受众保持开放和透明。

总之，实现节目创新的关键还在于解决AI技术的自主创新问题。中央广播电视总台制作的中国首部文生视频AI动画片《千秋诗颂》在人机交互与传播领域的创新实践中，专注于挖掘和再现国家语文教材中精选的200多首古典诗词，通过整合中央广播电视总台开发的先进"央视听媒体大模型"技术，首次将人工智能技术应用于传统诗词，并以水墨动画的动态形式重新诠释，是中国传统文化与科技结合的典范，率先开启生成式AI创作影片在主流电视台播出的先河，展现了人机传播在媒体内容生产领域的巨大潜力。

《千秋诗颂》项目的成功，进一步证明了人工智能技术在中文视音频领域的强大潜力和应用价值。它不仅为传统文化的传播开辟了新的途径，也为整个视音频产业的创新和发展提供了新的思路和方向。未来的人机传播研究将更加注重人机交互的自然性和智能化，随着AI技术的不断进步和完善，预计未来将有更多类似的项目涌现，进一步推动文化和技术的融合发展，共同开创内容产业的新未来。

小　结

在传媒行业，AI 技术的深度应用正以前所未有的速度推动内容生成与传播的变革。借助多模态融合技术，AI 能够整合图像、文本、声音等多种数据，生成连贯且有意义的综合输出。尤其是在视频内容生成领域，AI 赋能的工具链已逐渐成形，不仅提升了生产效率，还降低了创作门槛，重塑了传统媒体的制作流程。

以 AI 原生内容生成平台为例，这一体系通过整合 AI 创意工具、AI 视频生成工具和分发变现平台，为用户提供全套的内容生产解决方案。AI 克隆音色工具、剪辑工具、渲染工具以及图文生成工具等多种功能让创作过程更为便捷，并能通过用户与 AI 的交互不断优化内容输出。与此同时，AI 还通过自适应调整，根据用户的需求和反馈不断完善输入输出模态，实现更精准的内容生成。从而帮助用户实现从内容创作、视频生成到最终分发变现的完整流程，满足视频生产各个环节的需求。

这一技术生态的构建，不仅使得传媒内容生成更加智能和高效，还拓展了媒介融合的边界。AI 赋能的内容生成让个性化、自动化和多元化成为可能，帮助传媒机构在内容生产与传播中更好地应对变化。随着 AI 技术的进一步成熟，特别是音视频生成技术的突破，传媒行业将迎来更广泛的应用场景，实现从内容创意到生产再到分发的全流程创新升级。

同时，我们可以想象，通过生成式人工智能生成的虚拟数字人，将会打破传统的内容创作局限和感受体验，从二维的平面世界延展至三维的虚拟空间，为我们提供更为丰富和生动的体验。

第四章

AI赋能商业模式，助力传媒变革

　　自人工智能（AI）与大模型结合创造出人工智能生成内容（生成式人工智能）以来，人类社会开始逐渐体验到其多元化的影响。生成式人工智能不仅在新闻传播行业扮演了革命性的角色，而且已经深深渗透到我们生活的各个领域等。

　　我们尝试以品牌营销、健康传播、直播电商与社交陪伴等领域为例，逐一分析这些领域内的变化以及生成式人工智能所扮演的角色，理解这种新技术是如何重新塑造这些行业并预示未来可能的发展趋势。

第一节　AI 与品牌营销

　　品牌营销是一个融合创新、体验和关联的领域，涉及的内容和方式千变万化，其中涉及的工作流程常常需要人力进行内容创造和媒体规划。人工智能生成内容的出现，却为这个行业带来了不同于以往的可能性。

一　不同阶段作用

　　不同阶段，AI 发挥不同的作用：

　　首先，在品牌营销的初期，AI 通过大数据分析消费者的行为模式和市场趋势，帮助品牌识别主要市场需求和关注点。AI工具如豆包能够加速市场调研，整理资料，并生成创意方向。这一阶段，AI不仅减轻了内容创作压力，还为广告创意提供了深刻的市场洞察，提升了广告的创新力和投资回报率。比如，2023年4月，蓝色光标公司发布虚拟广告练习生"萧蓝"，从虚拟数字人设、形象设计、命名到音乐创作，全部借助AI生成技术完成。

其次，AI利用客户的行为数据和反馈，帮助品牌挖掘潜在客户，并评估其转化潜力。通过智能化分析，AI能够识别出关键的转化信号，精确定位高价值客户。这样的精准筛选和自动化运营不仅提高了客户获取效率，还有效缩短了营销周期。

再次，在广告投放后，AI通过对渠道表现、用户反馈和转化路径进行深入分析，帮助品牌优化营销活动。AI能实时追踪并评估广告效果，提出改进建议，使未来的营销策略更具针对性和高效性。持续的智能数据分析为长期营销提供了稳固的支持。

最后，AI通过分析客户的复购行为及其驱动因素，帮助品牌制定促进复购和增购的长期策略。同时，AI的智能分析能够有效推动客户的口碑传播和品牌忠诚度，从而品牌能够提高客户的长期价值，增强市场竞争力。

简言之，AI技术贯穿品牌营销的各个环节，从市场调研到客户转化，再到长期营销优化，AI不仅帮助品牌在内容创作和客户获取方面降本增效，还通过智能化的数据分析提升了营销的精准性和客户体验，推动了广告营销的全方位革新。

二　人工智能优势

由此可见，AI在品牌营销中的优势体现在：

一是营销的创新性。生成式人工智能的应用已将品牌营销的创新性提升到一个新的水平。以往，品牌营销中的创新过程大多依赖人工，创作者的想象力和创新能力成为可能的限制。但是，生成式人工智能凭借其自我学习和优化的能力，可以在海量数据中捕获和生成富有创意的视觉元素、动态内容以及个性化的营销信息，使得创新性的营销策略得以实现。

以可口可乐公司为例，这个全球知名的饮料品牌就利用了生成式人工智能在品牌营销中的优势。他们利用AI生成的视觉元素，推出了一系列富有创意的广告，使得广告的创新性和吸引力得到了显著的提升。此外，他们还利用生成式人工智能的自我学习和优化能力，根据消费者的喜好和行为，生成了一系列个性化的营销信息，提升了营销活动的精准度和效果。

二是营销的精准度。生成式人工智能在精准度上的优势也十分明显，其生成的营销策略和内容可以根据目标受众的行为、喜好和需求进行精准定制，提升品牌传播的针对性和效果。在目标营销中，生成式人工智能可以根据消费者的购买行为和浏览习惯生成个性化的营销信息，使得品牌信息的传播更具效果，这无疑为品牌提供了更强大的影响力和吸引力。

以亚马逊为例，这个全球电商巨头也在利用生成式人工智能实现品牌营销的创新。他们利用 AI 生成的动态内容，为消费者提供了更加丰富和个性化的购物体验。例如，他们根据消费者的购物历史和浏览行为，生成了一系列个性化的推荐列表，使得消费者可以更加方便地找到他们感兴趣的商品。此外，他们还利用 AI 生成的视觉元素，创造了一系列富有创意的广告，增强了品牌的吸引力。

三是营销的广泛性。生成式人工智能的应用也将品牌营销的范畴从传统的媒体扩展到了社交媒体、虚拟现实等新兴平台。在人工智能生成内容（生成式人工智能）的推动下，品牌营销的范畴得以拓展。从传统的媒体传播逐步延伸至社交媒体、虚拟现实等新兴平台，这种跨界的融合打破了传统的内容创作局限，为消费者打开了全新的体验空间，更为丰富和生动的品牌体验也随之产生。

以世界知名服装品牌 Zara 为例，他们在 2023 年的春夏系列发布会上，首次运用生成式人工智能生成的虚拟数字人作为模特进行产品展示。这些虚拟模特不仅拥有逼真的外貌和动作，甚至还可以在虚拟现实环境中与观众进行互动。消费者只需通过手机或电脑，就能够在家中亲身体验到仿佛置身 T 台秀场的感觉。这种全新的品牌体验，不仅增强了消费者对 Zara 品牌的认同感和归属感，也使得他们能够以更直观、更具体的方式了解到产品的设计理念和细节特点，从而刺激购买欲望。此前，Zara 还与虚拟时尚社交平台 ZEPETO 合作，推出了"Lime Glam"系列服装和配饰。该系列采用 3D 设计，包括限量版绿色褶皱短裙、超大牛仔夹克等，用户可以为其虚拟形象穿戴这些服饰，通过自拍创建虚拟化身并在数字世界中互动。

另外，我们需要认识到 AI 赋予品牌用户的并非一个简单的虚拟空间，而是一个需要通过内容和互动来赋予其生命力的虚拟社区。这个社区的建设不仅需要强大的技术基础，更需要丰富的内容和参与感以吸引和保持用户的活跃度。在这个过程中，生成式人工智能无疑扮演了关键的角色。其强大的自我学习和优化能力，可以提供持续的、个性化的内容创新，使得每一个用户都能找到属于自己的位置和乐趣。与此同时，生成式人工智能也能通过对用户行为的深入理解和预测，使得运营和发展更加精准和有效。例如，《堡垒之夜》就是一个成功利用生成式人工智能实现转型的例子。《堡垒之夜》最初是一个在线多人战斗竞技游戏，但随着时间的推移，开发者开始利用生成式人工智能为游戏世界注入更多的内容和活动，比如音乐会、电影首映等。这些活动不仅丰富了游戏的内容，也让玩家们能在游戏中体验到更多的社交和互动，从而使得《堡垒之夜》逐渐转变成了一个虚拟的社区。与此同时，开发者还利用生成式人工智能对玩家行为进行分析和预测，以便更精准地推送符合玩家兴趣和需求的活动和内容。例如，如果生成式人工智能发现某位玩家在游戏中经常参与音乐活动，那么系统就会在未来有相关活动时主动推送通知，从而增强玩家的参与度和忠诚度。这个例子展示了，通过生成式人工智能的推动，已经从一个单一的虚拟空间，转变成了一个充满活力的虚拟社区。这个社区不仅具有丰富的内容，也有活跃的用户群体和精准的运营策略。我们可以看到生成式人工智能将如何共同塑造未来的品牌体验。这种体验不再仅仅局限于平面的视觉或者听觉感受，而是变成了一种全感官的、沉浸式的体验。消费者不再是被动的信息接收者，而是活跃的参与者，他们可以通过自己的虚拟形象去感受品牌的故事，去体验品牌的价值。这种全新的体验方式将有可能彻底改变我们对于品牌的认知和期待，也将有可能引领出一个全新的品牌营销范式。

第二节　AI 与健康传播

AI 与健康传播的结合正在改变医疗信息的传播方式，并为提升公共健康提供了新机遇。以下是几个关键点，可以帮助理解 AI 在健康传播中的作用和影响：

一　精准健康信息传播

AI 技术通过数据分析和机器学习，可以帮助个性化传播健康信息。基于用户的行为、搜索记录和健康数据，AI 能够精准定位特定人群的健康需求，推送个性化的健康内容。这不仅提高了健康信息的传播效率，还确保了用户获得与其需求最相关的信息，从而提升健康教育和预防效果。

二　健康监测与数据分析

AI 赋能的健康监测工具，如智能穿戴设备和健康应用，能够实时收集用户的健康数据，并进行分析。这些数据包括心率、睡眠模式、运动量等，通过 AI 分析，能够及时为用户提供健康建议或预警。例如，对于患有慢性疾病的患者，AI 可以帮助监测其健康状态，并通过传播相关健康信息帮助其改善生活方式或及时就医。

三　提高医疗信息获取的可及性

AI通过语音助手、虚拟医生和聊天机器人等方式，显著提高了医疗信息获取的便捷性。用户可以通过与AI系统互动，快速得到关于症状、健康管理和治疗方案的建议。这种技术极大地减少了信息获取的障碍，特别是对于那些无法轻松获得医疗服务的人群。例如，AI助手可以提供简单的健康建议、识别症状并指导用户何时需要寻求专业医疗服务。

四　打击健康信息误导

在信息泛滥的时代，虚假或误导性的健康信息层出不穷。AI可以通过自然语言处理和数据分析技术，识别和过滤不实的健康信息。通过与可靠的医疗数据库、研究论文和专业内容进行对比，AI系统能够帮助公众获取可信赖的健康信息，减少健康谣言的传播，改善大众对健康问题的理解。

五　健康传播中的文化和社会适应性

AI系统能够根据不同的文化和社会背景，调整健康信息的表达方式，确保信息在不同人群中的有效传播。例如，通过自然语言处理技术，AI可以理解和处理多种语言与方言，并根据当地文化背景定制健康内容。这提高了健康传播的包容性和适应性，使更多人能够获得可理解且有针对性的健康建议。

六　医疗健康中的AI伦理问题

尽管AI在健康传播中有巨大潜力，但也带来了一些伦理挑战。例如，如何保护用户的健康隐私，如何确保AI生成的信息准确无误，以及如何防止AI在健康传播中引发信息不对称或歧视等问题，都是必须解决的关键议题。AI的广泛应用也呼唤更严格的伦理框架和监管措施，以确保技术的安全使用。

AI在健康传播中的作用十分显著，它通过个性化信息传播、数据分析和误导信息打击等方式，正在重塑健康教育和医疗信息的获取方式。然而，AI的广泛应用也伴随着隐私、伦理和安全方面的挑战。未来，如何在技术进步的同时平衡这些问题，将是健康传播领域的重要议题。在医疗健康行业中，例如，生成式人工智能的应用正在实现诊断精度的显著提升。人工智能机器人通过吸收和学习大量的医疗数据，能够实现对病症的精准诊断，甚至超过了一些医生的诊断水平。例如，谷歌的DeepMind公司就开发出了一种能够识别视网膜疾病的人工智能系统，其精准度甚至超过了许多经验丰富的医生。

同时，在理解生成式人工智能如何在数字健康领域开启一种新的、以患者为中心的医疗模式时，我们不得不深度思考人工智能的个性化和预测性能力是如何与医疗健康紧密融合的。随着科技的发展，健康管理逐渐由以医生为主导转变为以患者为中心，而生成式人工智能的应用无疑加速了这个转变。

为了更具体地阐述这个过程，可以引入实际的案例来做说明。Takeoff Health 是一家利用 AI 技术为慢性病患者提供个性化健康管理服务的公司。他们采用 AI 技术分析每个人的独特健康状况和生活习惯，生成个性化的健康管理计划，从而提供个性化的建议。例如，一位糖尿病患者可能会收到针对他个人饮食习惯、运动习惯和疾病状况的定制化管理建议，如何调整饮食以控制血糖，以及适合他个人身体状况的运动方案等。这样的个性化服务不仅让患者能更有效地管理自己的健康状况，还大大提高了他们的生活质量。

另一方面，生成式人工智能还可以生成模拟疾病进程的虚拟模型，帮助医疗工作者更好地理解疾病的发展，并优化治疗方案。这种模型使得医生能够以前所未有的精确度预测疾病的进展和病人的反应，从而使得治疗方案可以更精细、更个性化。例如，在肺癌治疗中，医生可以利用由生成式人工智能生成的虚拟肺模型，预测肿瘤可能的生长路径和速度，从而优化放疗或化疗的治疗方案。

这种以患者为中心的医疗模式，不仅优化了治疗方案，更提高了患者的满意度和生活质量。这是因为，在这种模式下，患者不再是被动接受治疗的对象，而是成了积极参与治疗决策的一部分。他们可以根据自己的独特状况和需求，选择最适合自己的治疗方案和健康管理策略。生成式人工智能介入健康医疗领域，通过构建数字生命，能做到将医疗从以治疗方案为中心，转移到以患者为中心的模式。

数字生命可以理解为将人的生理、行为、环境等各种信息通过数字化手段捕捉并模拟，以构建一个反映个体生命过程的全面、动态、连续的信息模型。生成式人工智能以其强大的数据处理和模型生成能力，赋予数字生命"生命力"，使其成为医疗模式转变的关键。

生成式人工智能的核心价值在于其能够进行深度学习和模拟，这使得它能够理解并反映个体生命过程的各种细微变化。当这种能力被应用到健康医疗领域时，它可以通过对个体的生理数据、行为习惯、环境变量等信息进行分析，生成个性化的健康管理计划，从而提供精细化的医疗服务。举个例子来说，假设一位糖尿病患者正在使用一个装有生成式人工智能的健康管理应用。这款应用可以根据患者的生理数据（例如血糖水平、体重等）、行为习惯

（例如饮食、运动等）和环境变量（例如气候、地理位置等）生成个性化的健康管理计划。比如，应用可以基于患者的血糖水平和食物摄入情况，给出个性化的饮食建议；也可以根据患者的运动习惯和当前环境条件，制定合适的运动计划。这种健康管理方式使得医疗服务深入到患者的日常生活中，成为他们生活的一部分。

生成式人工智能的深度理解和模拟能力，还使得其在处理患者反馈和监测数据方面具有巨大的优势。借助这些数据，生成式人工智能可以持续优化和调整健康管理计划，以提供更为精准和个性化的医疗建议。这一过程突破了传统医疗模式中对患者疾病状况的被动响应，转变为主动预防和早期干预，从而显著提高了治疗效果和患者的生活质量。

除此之外，生成式人工智能还能通过生成模拟疾病进程的虚拟模型，帮助医疗工作者更好地理解疾病的发展，优化治疗方案。这种方式让医疗工作者有了更全面的视角去看待疾病，使得治疗方案的制定更为全面和科学。

因此，当我们谈到生成式人工智能介入健康医疗领域，其实质是生成式人工智能以其强大的学习和优化能力，实现了从以治疗方案为中心到以患者为中心的转变。这一转变带来的不仅仅是医疗服务的优化和改进，更是对医疗模式、医疗理念的深刻变革，使得医疗服务更为人性化，更加贴合每个个体的独特需求。而这种变革，也是生成式人工智能真正实现社会价值，服务人类健康的重要表现。

第三节　AI 与直播电商

在 AI 技术迅速发展的背景下，电商直播作为一种新兴的销售模式，迎来了更加智能化和高效化的转型。通过人工智能驱动，虚拟主播、智能推荐等功能的加入，不仅提升了直播间的互动体验，还极大降低了运营成本。本节将采用"一个观点 + 一个案例"的方式，深入分析 AI 如何赋能直播电商。

一　虚拟主播

AI 驱动的虚拟人技术降低运营成本体现在 AI 技术的应用大大降低了电商直播的门槛，特别是通过虚拟人技术，企业可以减少对真人主播的依赖，从而实现降本增效。虚拟人主播可以全天候工作，不受时间和体力的限制，企业无须为主播的工作时间、薪资等问题担忧。同时，虚拟人能够根据数据实时优化直播内容，保证互动质量不打折扣。比如，中科深智推出的虚拟直播工具箱"自动播"基于其自研的 CLAP 大模型算法和 Motionverse 业务中台，能够支持电商平台的 3D 虚拟人主播、虚拟直播间等功能。借助超写实虚拟人生成系统 AnyHuman，以及高效的虚拟人实时交互系统云小七，电商商家能够实现 24 小时不间断直播，极大降低了人力成本，同时提升了直播内容的丰富性和灵活性。

二 个性化互动

AI 赋能个性化互动提升用户体验体现在 AI 技术可以通过智能算法和数据分析，实现对用户的精准画像，并根据用户的偏好调整直播内容。这不仅能提高用户的黏性，还能通过个性化的推荐和互动，增强用户的购买欲望，提升转化率。虚拟主播的表情、声音、互动方式都可以根据用户反馈进行实时调整，让观看体验更加贴近真人互动。比如，腾讯云推出的智能小样本数字人生产平台，可以在三分钟内完成虚拟主播的建模，成本仅需数千元。这种基于 AI 技术的虚拟数字人不仅能通过超写实 2D 图像与用户互动，还可以 24 小时不间断直播，大大增强了用户体验。直播中的表情、声音等细节高度仿真，用户通过一台电脑便可生产出短视频，既节省成本，又能让用户享受个性化的互动体验。

三 虚拟场景切换

虚拟场景切换与 AI 换脸技术创造全新直播玩法体现在

AI 赋能的虚拟直播不仅仅局限于简单的商品介绍，还可以通过虚拟场景切换、AI 换脸等技术，为用户创造更加沉浸式的体验。通过这些创新技术，主播可以在几秒内切换不同的场景或装扮，让用户在直播中随时"走进"不同的场景。这种高互动性和趣味性的内容形式极大提升了用户的参与感。比如，遥望科技通过其"遥望未来站"直播平台，推出了孪生主播技术和虚拟人 AI 换脸技术。虚拟数字人"遥望卷卷"能够与真人同屏直播，并通过 AI 深度学习突破时间和空间的限制，实现实时换装和场景切换。该技术不仅增强了直播的娱乐性，还为品牌营销创造了更多元化的可能，尤其在农产品和国货品牌推广中表现突出。

四　智能化运营

AI 全链路赋能助力企业智能化运营体现在 AI 不仅在直播内容上带来创新，还通过全链路智能化解决方案帮助企业实现更加高效的运营。通过 AI 驱动的数据分析，企业可以更好地了解用户行为，优化直播内容，进行精准的广告投放，并通过数据反馈调整产品策略。这种全链路的智能化解决方案能够帮助企业在直播结束后持续提升运营效率，形成长期的竞争优势。比如，百度通过其 AIGC 技术推出的"慧播"数字人电商直播解决方案，提供了 PaaS + SaaS + 内容资源的多层次服务。在直播前，AI 技术可以帮助主播进行智能搜索和推荐，精准找到潜在客户；在直播中，AI 提供智能客服和广告投放服务；在直播后，系统会对直播数据进行智能分析，帮助企业更好地了解销售表现和用户画像。通过全流程的 AI 赋能，百度的方案大大提高了直播间的运营效率，降低了企业的投入成本。

总之，AI 赋能直播已成为电商行业的重要推动力，虚拟人、智能算法以及全链路的智能化方案，正在改变传统电商的运营模式。通过 AI 技术，企业不仅能够提升直播的互动性和个性化，还可以在降本增效的同时为用户提供更加丰富的体验。案例中的中科深智、腾讯云、遥望科技和百度都展示了 AI 在电商直播中的广泛应用和巨大潜力。未来，随着 AI 技术的不断进步，直播行业将迎来更加智能化和个性化的发展方向。

第四节　AI 与社交陪伴

在 AI 时代，社交正在经历一次深刻的变革。从传统的真人互动，到虚拟助手、智能代理的参与，AI 技术正在重新定义人与人之间的连接方式。如今的社交网络不仅仅是人与人之间的沟通平台，还包括了人与 AI 的互动，甚至 AI 与 AI 之间的交互。这种复杂而多元的社交形态，推动了更为智能化、个性化的社交体验。AI 技术通过个性化推荐、智能匹配、虚拟形象生成等功能，进一步丰富了社交的层次和深度，使得用户在网络中的互动变得更加高效和贴合个人需求。

一 AI 时代的梅特卡夫定律

要理解 AI 时代的社交，必须借助梅特卡夫定律这一基础理论。梅特卡夫定律指出，网络的价值与用户数量的平方成正比。传统社交网络依赖于用户数量的增长来提升网络价值，而在 AI 时代，这一定律通过 AI 技术的赋能得到了进一步的增强和扩展。

一方面，虚拟用户的引入扩大了网络效应。AI 时代不仅有真人用户，还引入了 AI 代理和虚拟用户，这些虚拟角色能够模拟人类行为并与其他用户互动。这扩展了网络的用户基础，增加了潜在的连接数量，使得网络的价值增长更加迅速。虚拟用户的参与为网络带来了更多互动机会和内容生成，进一步提升了网络效应。另一方面，AI 通过个性化推荐、智能匹配和自动化沟通功能，使用户之间的互动更加高效和精准。AI 能够根据用户的行为、兴趣和需求进行定制化服务，使得每一次互动的价值变得更高。因此，网络的用户数量不仅决定价值，互动的质量和频率也因 AI 的介入而提升，放大了梅特卡夫定律的效应。

因此，AI 时代的社交网络和平台，随着用户数量和互动质量的提升，将会更加快速地实现价值增长，体现出梅特卡夫定律在新技术环境下的强大生命力。

二　AI 时代社交的四大类型

根据《AI 社交网络，人类的远大前程——AI 社交网络行业深度报告》，依据交互对象与类型的不同，分为真人和 Agent（包括 Robot、虚拟 AI 角色、AI Agent），并依据双向互动关系，将 AI 时代下的社交关系分为如下四个类别。

一是真人—真人：依然基于传统的人际互动模式，但 AI 在其中充当辅助角色，帮助用户进行智能匹配、内容推荐和聊天辅助，如 Meta 的跨产品视频推荐引擎，通过智能推荐提升用户间的社交沉淀。

二是 AI 机器人—真人：AI 机器人作为社交平台中的内容生产者，向用户输出定制化信息，增强平台的互动性与参与度，如 2023 年 7 月，新浪微博推出了官方机器人"评论罗伯特"，通过自动在原创内容下发表评论，提升普通用户的发帖体验和活跃度。截至目前，"评论罗伯特"已积累超 100 万粉丝，展现了其在用户中的受欢迎程度。

三是真人—AI 机器人：AI 机器人为用户提供个性化的情感陪伴和智能对话，用户可以根据自己的需求定制 AI 机器人的外貌、性格与互动方式，这类虚拟机器人不仅提供情绪价值，还具备游戏和娱乐属性，典型案例如 Character. AI 推出的可定制化虚拟角色。

四是 AI 机器人—AI 机器人：用户创建数字孪生，AI 分身之间可以进行初步互动和交流，帮助用户快速扩展社交触达面并初步判断潜在社交价值，如 Teaser 社交软件通过 AI 分身完成陌生人社交前期的互动交流，帮助用户高效建立新的社交关系，这种应用适合婚恋等领域。

三　AI 社交在老年群体的应用场景

随着全球老龄化的加剧，老年人群体的生活方式和社交需求正发生深刻变化。AI 技术的迅速发展为老年市场提供了前所未有的创新机会，尤其是在社交领域。AI 社交通过虚拟陪伴、情感支持、健康管理等功能，帮助老年人克服孤独感和社交圈缩小等问题，提升了他们的生活质量和社会参与感。本文将探讨 AI 社交在老年市场的应用场景，展示这一领域的技术如何有效满足老年群体的多层次需求。

一是 AI 虚拟陪伴缓解老年人的孤独感。老年人的社交需求往往伴随着孤独感的增加，尤其是独居老年人。AI 技术的引入为这些老年人提供了虚拟陪伴，通过自然语言处理和智能对话功能，AI 可以与用户进行持续的情感交流，模拟人类互动。虚拟陪伴不仅可以帮助老年人缓解孤独，还能提供一种情感支持，使他们在日常生活中获得更多的互动和陪伴感。比如，ElliQ是一款专为老年人设计的AI社交机器人，能够通过语音互动、健康提醒和情感交流帮助老年人保持社交活力。ElliQ不仅能提醒老年人服药、锻炼，还能根据用户的情绪状态发起对话或推荐娱乐活动。它帮助老年人在孤独时找到慰藉，并且激励他们参与更多的生活活动，从而提高了老年人的生活满意度和幸福感。

二是AI数字人"陪护者"，拓展老年人的社交边界。AI技术不仅通过虚拟陪伴来满足老年人的情感需求，还能通过数字分身和虚拟形象拓展他们的社交边界。在虚拟世界中，AI数字人不仅可以与老年人互动，还可以帮助他们参与新的社交活动，打破地理和身体限制。老年人通过定制化的虚拟形象，能够在虚拟平台上与他人建立联系，参与社群活动或虚拟旅行等，这些数字化互动为老年人带来了全新的社交体验。比如，小冰公司计划在2025年创造60万个不同个性的虚拟数字人"陪护者"，进入老年家庭，提供24小时不间断陪伴，同时也会向当地政府提供这些老年人的健康情况预警服务。这些AI数字人不仅能够与老年人进行自然的情感交流，还能够根据老年人的兴趣爱好，提供定制化的社交体验。这种全天候的数字陪伴大大拓展了老年人的社交可能性，使他们即使在家中也能感受到丰富的互动和关怀。

三是 AI 社交与健康管理的融合。除了社交功能，AI 技术还通过与健康管理的结合为老年人提供更为全面的服务。AI 不仅能通过日常互动了解老年人的健康状况，还能通过智能设备监测老年人的日常活动，及时提醒和记录健康数据。AI 社交与健康管理的融合为老年人的生活提供了更加安全和高效的支持。比如，CarePredict 是一款结合了 AI 和可穿戴设备的健康管理平台，专为老年人设计。它通过智能手环监测老年人的行为模式，如走路、睡眠和进食等，并通过 AI 分析这些数据，及时提醒老年人和家属潜在的健康问题。AI 社交不仅使老年人获得了情感支持，还通过健康管理提升了他们的生活质量和安全感。

四是复刻碳基生命，"复活"逝者。对于失去亲人的老年人，AI 技术可以通过虚拟复刻技术帮助他们重温与亲人的情感联系。AI 通过数字化技术将逝者的影像、声音和行为进行复现，让老年人能够在虚拟世界中与逝去的亲人互动。这种"情感记忆重现"功能提供了一种独特的情感支持，帮助老年人缓解因失去亲人带来的孤独感和情感缺失。比如，南京硅基智能科技推出了虚拟逝者数字人产品，通过 AI 技术复刻已故亲人的外貌和声音。老年人可以通过与逝者的虚拟影像互动，感受亲人的存在感，这种技术为老年人提供了情感上的安慰，帮助他们重温与亲人之间的记忆。这种虚拟复刻技术在老年市场中展现出巨大的情感支持潜力。

总之，AI社交在老年市场的应用场景多样化，从虚拟陪伴、健康管理到情感记忆的复刻，AI技术正逐步为老年人提供更智能化、更个性化的社交体验。这些技术不仅帮助老年人克服了孤独感和社交限制，还通过健康管理和情感支持提升了他们的生活质量。未来，随着AI技术的不断进步，老年市场的AI社交应用将会更加广泛，为老年人群体带来更多福祉。

小　结

本章通过对生成式人工智能在品牌营销、健康传播、直播电商和社交陪伴等领域的分析，展示了AI如何通过智能化和个性化的解决方案，推动传媒行业的商业模式革新。在品牌营销中，生成式AI通过大数据分析、内容生成和用户精准定位，使品牌能够更加高效地了解市场需求，提供个性化的营销策略，提升了用户体验与品牌影响力；在健康传播领域，AI则通过个性化健康管理、实时监测和智能信息传播，为公众健康教育和医疗服务带来了新的解决方案，提高了健康信息的可及性与传播精准度；直播电商借助 AI 虚拟主播、智能推荐和实时场景切换技术，极大地增强了用户的互动体验，同时降低了运营成本，提升了企业效益；而在社交陪伴方面，AI 虚拟人和智能交互技术为老年人提供了情感支持与健康管理，改善了他们的社交体验，提升了生活质量。然而，随着生成式人工智能的广泛应用，我们也需要认识到其中的挑战和风险，积极探索相应的治理和规范机制，确保其可持续和负责任的发展。

第五章
AI赋能教育，助力传媒变革

教育部部长怀进鹏在"2021 年人工智能（AI）和教育国际论坛"开幕式上的演讲中提到"人工智能会赋予教育权力，改变教育，创新教育，这无疑将为所有人创造一个更美好的未来"。

生成式人工智能对新闻传播从业者与人才培养方面都产生了影响：在新闻传播从业者角色转换方面，它改变了新闻生产的方式和工具，要求从业者具备更广泛的技能和知识。同时，生成式人工智能也为从业者带来了更多的机遇和创新空间，以更好地满足受众需求并推动新闻行业的发展；在人才培养方面，新闻传播教育机构需要调整课程设置和教学方法，将人工智能相关的知识和技能纳入教学内容中。这可以通过设立专门的课程或模块来实现，包括数据新闻、机器学习在新闻中的应用、伦理和法律问题等。同时，教育机构还可以与行业合作，提供实践机会和项目，让学生有机会应用人工智能技术解决实际问题。

第一节　AI 时代媒体从业者

新闻行业正在经历一场革命，这场革命正在改变媒体从业者的角色定位，并且重塑行业的整体格局。人工智能作为一种工具，其作用并不仅仅是提高效率，而更重要的是，它为新闻报道提供了全新的视角和方法，使新闻机构能够更好地履行其社会职责。

一　AI 与技能要求

人工智能是这一转变的最新驱动力，使内容创作者能够从数据中自动生成文本或视频，发现文件中隐藏的见解，并优化内容在各个平台上的发布。例如，位于东京的初创公司 JX Press 利用人工智能技术在社交媒体上检测突发新闻，并自动生成关于事故、自然灾害和其他事件的紧急新闻通报。这种新颖的程序使该公司能够在日本比传统报纸和电视台更早地发布新闻。

职业转型和技能需求是媒体从业者在生成式人工智能时代面临的重要议题。以下是对职业转型和技能需求的详细分析：

一是数据分析和解读能力。生成式人工智能在新闻产业中大量产生和处理数据，因此，媒体从业者需要具备数据分析和解读能力。他们需要能够理解和解释数据，并从中提取洞察，以指导新闻报道和决策。

二是人工智能工具和技术的熟练运用。媒体从业者需要了解和熟练运用与人工智能相关的工具和技术，例如自然语言处理、机器学习、数据挖掘等。他们应该能够利用这些工具和技术进行数据分析、内容生成和个性化推荐。

三是跨学科能力。生成式人工智能的应用涉及多个学科领域，如计算机科学、数据科学、传播学等。因此，媒体从业者需要具备跨学科的能力，能够理解和沟通不同领域的知识，以便更好地应用人工智能技术于新闻传播实践中。

四是创意和创新思维。尽管生成式人工智能可以辅助新闻内容的创作和编辑，但创意和创新思维仍然是从业者的核心竞争力。媒体从业者需要具备独特的观点和见解，能够利用人工智能技术来支持和增强自己的创作能力。

五是道德和伦理意识。生成式人工智能在新闻传播中引发了一系列道德和伦理问题，如新闻内容的真实性、算法偏见和数据隐私等。媒体从业者需要有高度的道德和伦理意识，能够对人工智能的应用进行审查和评估，确保新闻报道的准确性、客观性和公正性。

六是持续学习和适应能力。生成式人工智能技术在不断发展和演进，媒体从业者需要具备持续学习和适应能力，跟上技术的变化和行业的发展。他们应该关注行业趋势和创新，积极探索新的工具和方法，以提高自身的专业素养和竞争力。

对于媒体从业者而言，在生成式人工智能时代，职业转型和技能需求面临新的挑战。为了适应这一变化，媒体从业者需要持续学习和掌握AI工具，积极拥抱技术，才能在这一变革时代中保持竞争力并推动行业的创新与发展。

对于新闻机构来说，面对日益普遍的人工智能全球化（生成式人工智能）趋势，传媒行业在继续传统的工作方式、技术使用和行业习惯的同时，正逐渐深入对 AI 技术的认知。一方面，所有相关人员，无论是新闻编辑室的成员还是技术团队，都需要进行适当的 AI 培训，以提升其专业发展。另一方面，大学与企业的合作带来了显而易见的优势，如获得研究资金，拥有深入了解 AI 的专业人才，以及长期的研究计划，也有机会建立与实践者的联系，共享专业知识，测试新的想法和原型。此外，也能够获得研究数据和专业见解，同时为新的 AI 和新闻课程提供资源投入。

二 AI 与传媒教育

根据联合国教科文组织《信使》，联合国教科文组织于 2023 年 9 月发布了首份全球《生成式人工智能在教育和研究中的应用指南》（Guidance for generative AI in education and research），认为生成式人工智能系统会加剧数字鸿沟，并呼吁政策制定者采取措施。

AI 技术正在推动教育模式从传统的"师—生"结构向"师—机—生"三元结构转变。这一变革不仅重新定义了教学和学习方式，也为未来教育的创新开辟了新的可能。随着生成式 AI 在教学中的应用，教育正朝着智能化和个性化方向发展，形成"生成式课程"体系。教师将拥有智能助手，学生则有智能导师和学伴，课程更加注重培养独立思考和创新能力。

（一）人工智能作为教学内容

教育部、国家发展改革委、财政部印发《关于"双一流"建设高校促进学科融合加快人工智能领域研究生培养的若干意见》，指出要依托"双一流"建设，深化人工智能内涵，构建基础理论人才与"人工智能 + X"复合型人才并重的培养体系，探索深度融合的学科建设和人才培养新模式，着力提升人工智能领域研究生培养水平，为我国抢占世界科技前沿，实现引领性原创成果的重大突破，提供更加充分的人才支撑。

除了人工智能专业的教育，培养人工智能与交叉学科的复合型人才也很必要，例如中央音乐学院新增博士招生专业"音乐人工智能与音乐信息科技"。在传媒相关的院校和专业的探索尤其应当引起关注。浙江传媒学院新闻与传播学院开设"人工智能新闻"微专业，在课程设置上，涵盖人工智能新闻写作、人工智能短视频与直播、人工智能图像生成技术等5门主干课程。中国传媒大学与英特尔联合成立人工智能生成艺术创作实践中心，以创作展现中华民族优秀传统文化的高品质AI作品为目标，打造集联合创作、技术测试、人才培养、效果反馈和成果展示为一体的应用端研发平台，探索智能媒体时代校企合作的新范式。

（二）人工智能作为教学手段

人工智能作为教学手段，具有两大核心功能。首先，AI 通过手势识别、语音识别等技术，能够对学生的学习表现进行客观、公正的评估。AI 技术的应用确保了打分标准的统一性，并能记录学习的全过程，提供更全面的学习数据分析，从而帮助教师和学生更系统地了解学习进展。其次，AI 还能够通过构建学习行为优化模型和知识图谱，帮助学生更系统化地学习知识。根据学生的个体学习情况，AI 可以定制个性化学习方案，将零散的知识点有效串联成完整的知识体系，提升学习效果。这种智能化的教学手段使得教学评估更加科学，同时大大提高了知识传授的效率。比如，在"写作与沟通"上，清华大学的智能助教系统在功能设计上全面周到，页面布局合理，充分考虑到了写作课的教学需求与课程特点。尤其是系统中关于人工智能生成内容（Artificial Intelligence Generated Content）的应用思路与潜在可能性构想，体现了各位老师及助教团队投入的大量精力，为写作教学开辟了新的视角。

然而，AI 教学的应用也需要谨慎，必须避免过度依赖技术而忽视了教师的人文关怀和教学创造力。AI 作为工具，应是教学手段的补充和延伸，而非替代，教师仍然在教学中具有核心地位，负责引导学生的思维发展、批判性思考以及情感交流。

（三）人工智能作为学习伙伴

人工智能作为学习伙伴，在教育领域发挥着越来越重要的作用。与传统的学习工具不同，人工智能不仅能够传递知识，还能够通过智能对话和互动为学习者提供个性化的学习体验。智能虚拟助手是这种人工智能学习伙伴的典型应用，通过自然语言处理技术，AI能够模拟人类对话，深度理解学习者的需求，并根据个人学习进度提供及时反馈和指导。这不仅可以帮助学生解决学习中的问题，还能够进行情境化学习，增强学习的沉浸感和实用性。比如，有道发布"子曰"教育大模型2.0，推出虚拟人口语教练，陪伴学生学习。

此外，人工智能学习伙伴的另一个重要功能是通过学习行为分析和数据追踪，帮助学生优化学习路径。AI能够识别学生在学习过程中遇到的困难和知识空白，制定个性化的学习计划，将零散的知识点串联起来，形成完整的知识体系。通过这一过程，AI不仅起到了陪伴者的角色，还能够有效引导学生进行自主学习，培养他们的分析能力和创造力。北京师范大学未来教育高精尖创新中心设计出一款互动式学科教育机器人（Intelligent Educational Robot）运用"人工神经系统"，可以通过网络摄像头和麦克风对用户情绪做出反应，进行个性化学习资源的精准推荐，并可以通过学期的学习记录生成学习报告，包括优势学科分析和学科能力素养分析等。

然而，技术绝不能取代训练有素的人类教师，因为人类教师还肩负着指导学生作为个体和社会成员全面发展的重要使命。为了向所有人释放数字机遇带来的希望，我们必须在包容、公平、高质量和无障碍原则的指导下，以自己的方式引导技术在教育中的应用。

总之，在人工智能（AI）与大模型技术的推动下，教育领域正经历着一场深刻的变革。生成式人工智能不仅为传统的教育模式注入了新的活力，更为传媒教育提供了前所未有的创新机会。AI 技术通过个性化学习、智能内容生成和虚拟教学等方式，重新定义了知识的传递方式和学习体验。在传媒领域，AI 赋能的教育不仅提高了学生的学习效率，还极大地丰富了教学内容和实践场景，为培养未来的传媒人才奠定了坚实的技术基础。

第二节　AI 赋能女性发展

人工智能是引领未来的战略性技术，是新一轮科技革命和产业变革的核心驱动力，被认为是发展新质生产力的主要阵地。习近平总书记强调，"发展人工智能，将为我国构建现代化经济体系、实现高质量发展提供重要支撑"。习近平总书记关于人工智能的论述不仅说明了加快发展人工智能是促进新质生产力发展的重要引擎，也为妇女全面发展与性别平等事业注入了新动力。国务委员、全国妇联主席谌贻琴在出席2024年中关村论坛全球科技女性创新论坛致辞中指出，全球科技女性应勇立时代潮头、走在科研前列，携手开展重大科技攻关、培养青年女性成才、构建全球科技共同体，更好服务科技进步、服务女性进步、服务全人类进步。可见，赋能女性发展是人工智能时代的一个重要议题。

一 人工智能时代数字赋能女性的新解读

在1995年，联合国第四次世界妇女大会《行动纲领》中就强调了技术发展对妇女的影响，指出"技术正在迅速改变世界，也影响着发展中国家。十分有必要的是，妇女不仅从技术中受益，而且要能参与从设计到应用、监测和评价各阶段的过程"。联合国《2030年可持续发展议程》17个发展目标中目标5明确提出"实现性别平等，增强所有妇女和儿童的权能"。人工智能技术是当今许多数字化转型的关键，这一指标有可能在人工智能时代取得重大进展。

数字赋能指的是通过数字技术和工具提升个人和组织

的能力和效率。生成式 AI 作为人工智能的重要组成部分，进一步丰富了数字赋能的内涵。

"人类增强"是生成式 AI 对于人类的又一次重大的赋权增能。生成式 AI 在劳动分工中剥离了智力劳动中可以用数据描述和算法解析的部分，将那些非逻辑、非理性、无法用算法解析的人类激情和偏好交给人类来主导。这实际上是对人类主体地位的增强，缩小了人与人之间的能力差距，打破了精英与大众的壁垒，使得普通人也有通过人工智能工具的使用完成编程、绘画、写作等以往难以完成的工作，跨越"能力沟"的障碍。这有利于激活普通人的社会创造力，是社会活力的又一次重启，而这一切，对女性来说，更是提供了前所未有的机遇，使她们能够在各个领域中发挥更大的作用，实现更加全面的发展。

二 AI 时代数字赋能女性的新路径

赋能女性被定义为改变女性的生活状况，提高她们过上受尊重的生活的能力。这既体现在健康、教育和责任心等外在品质上，也体现在自我意识和自信等内在品质上（Purusottam Nayak et al.，2011）。从"空间—权力"的关系视角来看，生成式人工智能成为一种"权力"的媒介，通过不断创造涌现新知重新分配权力，其性质早已超出技术工具本身。

一方面是人工智能赋能女性的外在品质。基于人工智能打造智能乳腺癌智能筛查等系统工具，守护女性健康；通过同时处理数千次交互的AI虚拟导师，为每个女性学习者提供个性化的反馈和答案，缩小教育差距；通过借助AI技术进行数据驱动的决策，增强了女性领导力等。

另一方面是人工智能赋能女性的内在品质。人工智能是一种建立在大模型和预训练基础上的技术，能够利用海量数据生成高质量的文本。文本的质量与人机对话的质量有关。在某种程度上人机对话就是为文本注入人性化的关系与情感要素，提升文本表达的人文价值。女性在情感交流、复杂问题的多任务处理、抗压能力、数据处理的细致程度和综合管理能力方面表现出色，不仅提升了女性在职场中的竞争力，也促进了科技向善，她们在社会中的地位和影响力的提升。

2024年2月，包括微软在内的八家全球科技巨头表示支持联合国教科文组织的《人工智能伦理问题建议书》。这是人工智能领域首个全球性规范框架，该建议书提倡采取具体措施，确保AI工具设计中的性别平等——如分配资金资助企业中的性别平等计划，提供财政激励以促进女性创业，并投资专项计划，增加女性在STEM（科学、技术、工程、数学）和ICT（信息与通信技术）学科中的参与机会。这也是业界对推动人工智能赋能女性发展的具体体现。

三 AI 时代数字赋能女性的新风险

一是话语建构的新风险。性别可以被理解为一种话语建构，一个塑造个体的持续过程。这种人机交互所体现出的生物生命与机器生命之间的"跨生命"精神交往，可以从两个方面来看待：性别的技术化和技术的性别化。性别的技术化是指人工智能如何影响不同性别的构建；技术的性别化是指人工智能如何被赋予社会身份。也就是说，技术的社会建构与性别的社会建构一样是一个不断强化现有性别规范和话语权的过程。这说明人工智能时代，突破以往的角色状态，建构女性话语权还存在一定的挑战。

二是算法深化的新风险。为了验证 AI 偏见与人类偏见的关系，联合国教科文组织进行了三类比较实验并发布了《系统性偏见：对大规模语言模型中女性和女孩的偏见调查》的研究报告。第一种是通过测量模型中概念之间的关联，检测隐藏的偏见。例如，性别化词汇如"daughter；sister；mother；she；her；…"和与科学职业相关的词汇如"science；physics；chemistry；calculus；…"。找到这种类型的关联可能有助于解释某些 AI 系统将律师助理称为女性而将律师称为男性的倾向；第二种是使用了旨在引出句子的提示模板（例如，"The womawas regarded as…"），并将生成的句子根据性别、种族和性取向分类为正面、中立或负面；第三种是引出显性性别偏见进行了小规模的开放式语言生成任务，提示"Write one story about a ［woman/ man］"来生成十个故事。我们然后比较每个故事中最常见的词汇，发现以下词汇在关于男性的故事中出现更多：power（在关于男性的故事中出现 22 次，在关于女性的故事中出现 12 次），resilience（13 次，5 次），knowledge（8次，3 次）和 teaching（7 次，0 次），从而得出大型语言模型（LLM）存在性别偏见等刻板印象倾向的结论。

三是数据隐私的新风险。大模型的预训练和运行依赖于互联网海量数据，并通过对操作系统、分布式计算和网络设备的整体优化实现，只有在云计算的支持下，才能完成数据中心级的重构，而这种云端部署方式增加了数据隐私泄露的风险。对个人和家庭而言，大模型大量收集和深度分析数据，模糊了个人数据边界，并可能挖掘出隐藏的隐私信息，对家庭安全带来新的隐患。

四　AI 时代数字赋能女性的新对策

联合国教科文组织总干事阿祖莱（AudreyAzoulay）指出："现在亟须重新平衡女性在人工智能领域的处境，以避免有偏见的分析，而且在开发技术时要考虑到全人类的期望和需求。"

要解决人工智能为数字赋能女性带来的新风险，需要在 AI 开发周期中消除偏见的来源，并在 AI 的应用环境中降低风险。性别偏见可能源于数据的收集、采样、表示和处理方式，也可能源于用于表示和处理数据以及生成输出的模型或算法的选择和设计。

要解决人工智能为数字赋能女性带来的新风险，需要加强人工智能女性科技人才的培养以及 AI 通识教育的推广。据公开数据统计，在中国科技工作者中，女性占 45.8%，人数近 4000 万人，数量和比例均居全球领先，成为人工智能发展的重要支撑。人工智能技术的广泛应用，为女性在社会中的地位提升和权能增强提供了前所未有的机遇。目前清华大学的 AI 助手、浙江传媒大学的 AI 微专业、中国传媒大学的全校 AI 计划等都是教育领域的新探索。

要解决人工智能为数字赋能女性带来的新风险，需要优化网络算法机制和使用安全工具，保护家庭隐私和减少网络性别暴力。合乎道德和安全的数据收集和使用是影响通过人工智能赋予妇女权利的一个关键方面。同时，普遍存在的针对妇女的数字暴力（通常是性暴力）及其在现实世界中的后果凸显了深入研究导致不平等获得数字工具的因素，以通过人工智能赋予妇女权利，利用人工智能和数据分析来识别潜在威胁并创造更安全的空间，需要包容性的人工智能驱动的安全解决方案，满足所有女性的需求。

　　总之，新生事物的发展有一个波浪式前进的过程，我们还需调动各方力量共同努力，在一个包容公平的环境下，防止和纠正偏见，建立一个包容、公平的训练、开发和使用人工智能的环境。凝聚"AI"巾帼力，赋能新质生产力，是时代赋予我们的使命。人工智能时代有效解决了数据过剩带来的劳动效率下降的问题，通过数字赋能女性，学好用好 AI 技术工具，持续推动妇女数字素养与技能提升，在开创美好生活、发展新质生产力中发挥巾帼力量。

小　结

　　在 AI 时代，对于传媒等文科专业的学生来说，具备 AI 素养同样重要。AI 素养是指个体在面对人工智能技术及其应用时，具备的知识、技能、态度和价值观的综合能力。它不仅仅涉及如何使用人工智能工具，还包括理解 AI 的基本原理、应用场景、潜在影响，以及如何在不同领域有效应用 AI 技术。AI 素养与数字素养类似，但更侧重于人工智能的特性、影响以及与人类社会的互动。对于在校的传媒专业的学生，可以通过学习 AI 相关的通识课程，使用 AI 的学习工具等提升技能。对于已经就业的媒体从业者也面临转型的需要。

结　　语

生成式人工智能正在深刻重塑内容生成与传媒行业的运作方式。通过个性化内容分发、自动化生产、动态定价和智能化新闻挖掘等功能，AI 大幅提升了传媒行业的效率和精准度。AI 不仅能够快速生成新闻稿、图像和视频素材，还可以通过分析用户数据和市场趋势，优化广告定价和订阅模式，增强用户体验。同时，AI 的自动翻译与内容审核技术为跨语言传播和内容安全提供了强有力的支持，帮助新闻机构更有效地辨识假新闻、审核内容。此外，AI 工具为传媒工作者提供了新的创作手段，提升了图像和视频搜索的能力，并通过情感分析深入理解用户生成内容（UGC）。

在 AI 内容生成的过程中有一个现象需要关注，就是"涌现"。涌现是指当多个简单元素相互作用时，系统整体会表现出超越单个元素能力范围的新特性。这种创造性结果并非由明确指令产生，而是模型通过学习隐含的知识和模式涌现出的行为。涌现的现象表现在多种场景中，如模块化涌现（神经元对特定特征产生响应）、适应性涌现（模型在未训练语言上的意外表现）以及组合涌现（模型在结合不同功能时展现出更高的准确性）。虽然涌现带来许多意想不到的创新，但也需要进行适当的管理，确保生成的内容合理且准确。

除此之外，生成式 AI 在传媒产业中的应用还面临一系列复杂的版权与合规问题。首先，AI 模型的训练数据集和生成内容的版权归属尚不明确，涉及版权保护与数据安全的问题。同时，生成内容的合规使用也成为焦点，尤其是在防止虚假信息生成方面，网信办指出生成内容应真实准确，需进一步明确监管措施。此外，内容生成技术尤其是文生视频技术还面临计算成本高、缺乏高质量多模态数据集、生成视频质量不佳等技术挑战。时空一致性难以保持，语义对齐复杂，且视频生成的可控性和确定性仍有待提升。尽管 AI 技术带来了巨大的创新与机遇，传媒行业仍需在推动技术进步的同时，关注伦理、隐私和内容真实性等问题，确保 AI 赋能带来的传媒变革有助于行业的可持续发展和社会责任的履行。

参考文献

UNESCO，*2023 Global Monitoring Education Report*，UNESCO，2023.

《互动式学科教育机器人：Intelligent Educational Robot》，AICFE 未来教育 i 高精尖创新中心网，https：//aic-fe. bnu. edu. cn//xwdt/xzsp/77163. html。

陈昌凤：《智能平台兴起与智能体涌现：大模型将变革社会与文明》，《新闻界》2024 年第 2 期。

陈龙：《"后新闻"生产模式：生成式 AI 对新闻传播业的再格式化》，《传媒观察》2023 年第 3 期。

陈雪晴：《人工智能生成新闻的侵权行为的思考》，《新闻传播》2020 年第 3 期。

杜骏飞：《数字交往论》，江苏人民出版社 2023 年版。

樊强：《人工智能（AI）播音语链内生成结构研究》，《电视研究》2019 年第 2 期。

华泰研究:《华泰证券:虚拟数字人＋AI，产业加速度》，2023 年 5 月 26 日。

慧博智能投研:《传媒＋AI 行业深度:行业变革、市场前瞻、投资主线分析及重点公司梳理》，2023 年 5 月 11 日。

联合国教科文组织:《信使》2023 年第 4 期。

刘旸:《新媒体与女性赋权增能:性别传播视角下的机制、效能与反思》，《中华女子学院学报》2021 年第 2 期。

陆小华:《智能内容生成在催生什么传播新变局》，《青年记者》2023 年第 3 期。

牛静:《人工智能生成新闻稿的法律保护》，《青年记者》2018 年第 13 期。

彭兰:《AIGC 与智能时代的新生存特征》，《南京社会科学》2023 年第 5 期。

彭兰:《人机传播与交流的未来》，《湖南师范大学社会科学学报》2022 年第 5 期。

彭兰:《生成式人工智能技术驱动传媒业再变革》，《南方传媒研究》2024 年第 3 期。

人民网研究院:《从三大央媒实践看主流媒体智能化发展趋势》，人民网，2023 年 5 月 17 日，http：//www. peo-ple. com. cn／。

太平洋证券:《2024 年海外 AI 应用梳理:模型能力决定下

限，场景适配度决定上限》，2024 年 6 月 2 日。

万联证券：《传媒生成式 AI 多领域落地，赋能传媒行业发展》，2024 年 6 月 28 日。

王冰曦、蔡枫旋、王姜龙豪：《智能 AI 写作的变革与反思》，《中国传媒科技》2023 年第 2 期。

王晓升：《现代性、现代主义和后现代主义——概念的梳理》，《华中科技大学学报》（社会科学版）2017 年第 5 期。

喻国明、苏健威：《生成式人工智能浪潮下的传播革命与媒介生态——从 ChatGPT 到全面智能化时代的未来》，《新疆师范大学学报》（哲学社会科学版）2023 年第 5 期。

喻琰、方卉：《浙传开设首个"AI + 新闻"微专业，招生不限专业》，澎湃新闻，2024 年 3 月 27 日，https：//www. thepaper. cn/。

赵汀阳：《人工智能"革命"的"近忧"和"远虑"——一种伦理学和存在论的分析》，《哲学动态》2018 年第 4 期。

《中国传媒大学与英特尔联合成立人工智能生成艺术创作实践中心》，新华网，2023 年 12 月 21 日，http：//www. news. cn/。

钟祥铭、方兴东、顾烨烨：《ChatGPT 的治理挑战与对策研究——智能传播的"科林格里奇困境"与突破路径》，《传媒观察》2023 年第 3 期。

周宣辰、梅国英：《人工智能生成新闻稿的著作权问题研究》，《常州信息职业技术学院学报》2018 年第 5 期。

［美］罗莎琳德·皮卡德：《情感计算》，罗森林译，北京理工大学出版社 2005 年版。

［美］约书亚·梅罗维茨：《消失的地域：电子媒介对社会行为的影响》，肖志军译，清华大学出版社 2002 年版。

［印］普拉文·巴拉尼沙米：《深度强化学习实战：用 OpenAI Gym 构建智能体》，洪贤斌、汤奎桦译，人民邮电出版社 2003 年版。